The Book Of Basics And Advanced Verbs

(English to Hindi version)

Rahul Dineshbhai Rajani

Nexus Stories Publication
Bhārata

NEXUS STORIES PUBLICATION®
Surat, Gujarat, India.

Title – The Book of Basics and Advanced Verbs

First Published by Nexus Stories Publication 2024

ISBN # 978-81-19178-45-2

Publication
Nexus Stories Publication™, Surat (Gujarat), Bhārata
www.nexus-stories.com | +91 87800 80718

क्रियापद की विशेषताए

क्या आप अपनी इंग्लिश को बहुत मजबूत और अपनी इंग्लिश राइटिंग को रचनात्मक बनाना चाहते हे? तो चलिए इंग्लिश क्रियापद को जानते है "बेसिक्स एंड एडवांस्ड वर्ब्स" के साथ; यह पुस्तक उन लोगों के लिए है जो इंग्लिश के क्रियापद को समझना और उनका उचित उपयोग करना चाहते हैं, चाहे वह छात्र हों, लेखक हों, या बिना किसी रुकावट के बातचीत करने के लिए इंग्लिश में बात करना चाहते हों।

इस पुस्तक में आपको क्या सिखने को मिलेगा?

व्यावहारिक उपयोग: इस पुस्तक के माध्यम से, आप क्रियाओं का सही उपयोग सीखेंगे। आप उचित समय पर उचित क्रियाओं का चयन करके यादगार और प्रभावशाली भाषा का उपयोग करने की कला में माहिर होंगे।

उच्च अभिव्यक्ति: इस पुस्तक की मदद से, आप अपनी राइटिंग को दिलचस्प और आकर्षित बनाने के रहस्य जानेंगे| क्रियापद के माध्यम से लाई गई ऊर्जा और उत्साह के साथ, आप अपनी कहानियों, निबंधों, और बातचीत को उच्च स्तर पर ले जाएंगे।

व्याकरण मार्गदर्शन: इस पुस्तक में स्पष्ट, संक्षिप्त विवरण (अर्थ) दिए गए हैं, जो सुनिश्चित करेंगे कि आप क्रियापद के सही उपयोग की विस्तृत समझ रखते हैं। इसके जरिए, आप अस्पष्ट और अव्यवस्थित भाषा को अलविदा करेंगे।

चाहे आप लेखक हों, एक उच्चतर शिक्षक हों, एक छात्र हों, या फिर बातचीत में प्रभावशाली होने का लक्ष्य रखने वाले पेशेवर हों, "बेसिक्स एंड एडवांस्ड वर्ब्स" आपके लिए एक अच्छा मार्गदर्शक होगा। इस पुस्तक की मदद से, आप अपनी इंग्लिश को और भी मजबूत और प्रभावी बना सकते हैं

क्रियापद की शक्ति को उजागर करे, और अपनी इंग्लिश को बेहतर ही नहीं सर्वश्रेष्ठ बनाये |

*****

किताब के बारे में

"बेसिक्स एंड एडवांस्ड वर्ब्स" में आपका स्वागत है, एक अनूठा और मूल्यवान संसाधन जो अंग्रेजी भाषा के क्रियापद की शक्ति को उजागर करता है, जो उनके हिन्दी अर्थों और अनुवादों के साथ प्रस्तुत किया गया है। यह पुस्तक अंग्रेजी भाषा के प्रति उत्साही लोगों, शिक्षार्थियों और अपनी कम्युनिकेशन स्किल को मजबूत करने के इच्छुक किसी भी व्यक्ति के लिए एक व्यावहारिक मार्गदर्शिका के रूप में डिजाइन की गई है। चाहे आप छात्र हों, जॉब करते हों, या फिर कोई भी व्यवसाय करते हों, क्रियापद में महारत हासिल करके आप अपनी अंग्रेजी को नई ऊँचाइयों तक ले जा सकते हैं।

क्रियापद का सारांश:

इस पुस्तक में, आपको क्रियापद की एक व्यापक सूची मिलेगी, जो क्रियापद के तीन मुख्य रूपों को सावधानीपूर्वक व्यस्थित क्रम में दिए गए हैं: V1, V2, और V3। ये रूप क्रमशः वर्तमान, भूतकाल, और भूतकृदंत में हैं। हिंदी अर्थों और अनुवादों के साथ, यह पुस्तक अंग्रेजी और हिंदी भाषा के बीच की दूरी दूर करती है, और द्विभाषी व्यक्ति के लिए एक मूल्यवान संसाधन प्रदान करती है।

क्रियापद क्यों महत्वपूर्ण हैं?

क्रियापद एक प्रभावशाली वार्तालाप या बातचीत का सबसे महत्वपूर्ण भाग है। क्रियापद आपका अंग्रेजी बोलना, लिखना, सुनना, पढ़ना बिलकुल आसान कर देते हैं। इसको समझकर, सही इस्तेमाल करके आप अपने विचारों को स्पष्ट व्यक्त कर सकते हैं और मुश्किल से मुश्किल बातचीत करने के लिए आप आत्मविश्वास के साथ बोल सकते हैं।

एक सरल और व्यस्थित मार्ग:

आसान मार्गदर्शन सुनिश्चित करने के लिए, यह पुस्तक A से Z तक क्रमशः क्रियापद को प्रस्तुत करती है। हर एक क्रियापद के तीनों रूप (V1, V2, और V3), हिंदी अनुवाद और अर्थ दिए गए हैं। चाहे आप कोई विशिष्ट क्रियापद खोज रहे हों या कोई नया शब्द, वर्णमाला क्रम में क्रियापद होने की वजह से आपको आसानी से और तुरंत मिल जाएगे।

इस पुस्तक का उपयोग कैसे करे?

इस पुस्तक का अधिकतम लाभ उठाने के लिए, आपको पहले सभी क्रियापदों पर एक बार नजर डालनी होगी ताकि आपको पता चले कि कौन से क्रियापद के कितने अर्थ हैं और उनका

उच्चारण क्या है। इसके बाद, आपको कोई भी एक क्रियापद लेना होगा। उदाहरण के तौर पर हम लेते हैं: ADVANCE, जिसका अर्थ होता है "प्रगति करना" या "आगे बढ़ना"। अब आपको सोचना है कि हम "प्रगति करना" या "आगे बढ़ना" कब उपयोग करते हैं। कौन सी स्थिति में हम ये शब्द उपयोग करते हैं। आप जितना सोचेंगे उतने ज्यादा विचार आएंगे। यह करने के बाद, जितनी भी परिस्थितियाँ आपके दिमाग में आईं हैं, वो आप अब अंग्रेजी में शब्द उपयोग करके छोटे वाक्य बना सकते हैं। उदाहरण के लिए: "Advance English", "Advance lifestyle" "Advance education"। बस ऐसे ही आपको सोचना है और सभी क्रियापदों को ऐसे सीखना है। याद रहें, क्रियापदों को रटना नहीं है। शुरुआत में टाइम लगेगा, पर एक बार समझ आ गया तो क्रियापदों को आसानी से आप सिख पाएंगे। हर दिन जितने हो सके उतने क्रियापद सीखें और इसे अपनी आदत बना लें। अगर ऐसा कर लिया तो आप कुछ ही समय में, अंग्रेजी भाषा में माहिर हो जाएंगे

नमस्कार,
राहुल

***

प्रस्तावना

हम अक्सर खुद से पूछते हैं कि अंग्रेजी कैसे सीखें? अंग्रेजी में मास्टर कैसे बनें? सीखने का सही स्थान कहाँ है? ये प्रश्न आपके भी होंगे और स्कूल के दौरान मुझे भी थे। उत्तर स्पष्ट करना था कि बेसिक्स से शुरू करना था जैसे कि TENSE, MODAL AUXILIARIES, ACTIVE-PASSIVE VOICE, लेकिन ये सब सिखने के लिए, एक चीज महत्वपूर्ण है और वह है "क्रियापद"।

क्रियापद के बिना यह सब सीखना मुश्किल है, इसलिए मैंने उन सभी स्थानों का पता लगाया जहां मैंने सोचा था कि मुझे सीखने में मदद मिलेगी, लेकिन मुझे कुछ भी लाभ नहीं मिला। यहां तक कि कुछ ऑनलाइन प्रयासों में भी यह समस्या उभरी थी। काफी समय तक मैं खोजता रहा और अंततः मुझे कुछ मिला। हालाँकि, स्पेलिंग, उच्चारण और अर्थ की गलतियाँ, जैसी कुछ समस्याए थी | ऑनलाइन पर फेमस पेज पर भी गलती ही थी; इसलिए, मैंने एक सही किताब लिखने का फैसला किया।

मैंने पुस्तकालयों और उन सभी जगह की मुलाकात ली जहां से मै सभी आवश्यक जानकारी एकत्र कर सकता था | दिन-प्रतिदिन, शब्द-दर-शब्द, मैंने इस किताब को त्रुटि मुक्त बनाने के लिए अर्थ और उच्चारण की तलाश की | इस पुस्तक में यह सारी बातो को महत्व दिया गया है |

इस पुस्तक में UK और USA दोनों में उपयोग की जाने वाले स्पेलिंग, हिंदी भाषा के अनुसार अर्थ, कैम्ब्रिज और ऑक्सफर्ड विश्वविद्यालय के अनुसार उच्चारण शामिल किए है |

क्रियापद के जितने भी अर्थ होते है वे सभी अर्थ दिए गए है |

भूतकाल रूप (V2), वर्तमान कृदंत (V4), और V5 (S / ES) क्रियापद के नियम विश्व के प्रतिष्ठित विद्यालयों के मार्गदर्शन अनुसार दिए गए है |

इसके आलावा, यह पुस्तक V2 और V3 के उच्चारण पेश करती है जिन्हे V1 के साथ किसी भी ग़लतफ़हमी से बचने के लिए स्पष्ट रूप से व्यक्त करना आवश्यक है |

यह पुस्तक क्रियापद के लिए वन स्टॉप शॉप है | मुख्य बाधा तो V2 और V3 के उच्चारण की थी जिसे मैंने अब सुलझा दिया है |

इन क्रियापदों को नियमित जीवन में लागु करने, कही भी, कभी भी बोलने और लिखने के लिए सभी उम्र के लोगो के लिए आदर्श है, खासकर उनके लिए जो कोई भी परीक्षा की तैयारी कर रहे है |

किसी भी चीज को सिखने का सबसे अच्छा तरीका लगातार बने रहना है और इसलिए प्रतिदिन एक पेज का अध्ययन करे और हर दिन बोलकर या लिखकर उपयोग करें |

इस पुस्तक को लिखने का उद्देश्य उन बाधाओं का उत्तर देना है जिनका मैंने इन्हें सिखने में सामना किया है| मै नहीं चाहता की आप इससे गुज़रे |

***

रुण स्वीकार

मैंने कभी नहीं सोचा था कि मैं कोई किताब या ऐसा कुछ लिखूंगा, लेकिन मैं यहां हूं।

मैं भगवान से मिले दृष्टिकोण के लिए सदैव आभारी हूं।

मैं हमेशा अपने माता-पिता और अपने परिवार का ऋणी रहूंगा, जिन्होंने मुझे वह करने दिया, जिसमें मैं बेहतर हो रहा था।

मैं उन शिक्षकों का ऋण नहीं चुका पाऊंगा जिनमें ईमानदारी, नैतिकता, अनुशासन और वे सभी चीजें हैं जिनसे किसी को भी सीखना चाहिए।

धन्यवाद भाइयों: अमित गेलानी और जतिन डोंडा मेरे साथ खड़े रहने और जब भी मेरी जरूरत हो, वहां मौजूद रहने के लिए।

इन तीन लोगों को विशेष धन्यवाद:

योगेश सर: जिन्होंने मुझे स्कूल के समय में बेसिक क्लियर करने में मदद की और अंग्रेजी सीखने में रुचि जगाई।

दिव्यांग सर: जिन्होंने मुझे अनुशासित बनाया और मुझे अंग्रेजी के प्रति और भी अधिक उत्सुक होने के लिए प्रोत्साहित किया।

जय सर: जिन्होंने मुझे मेरी सीमा से आगे बढ़ने में मदद की और मेरी अंग्रेजी को बढ़ाया।

मुझे आवश्यक संसाधनों का उपयोग करने की अनुमति देने के लिए मैं डॉक्टरप्लस और यूप्लस एजुकेशन का तहे दिल से आभारी हूं।

अंत में, मैं अपनी पहली रचना प्रकाशित करने के लिए नेक्सस स्टोरी प्रकाशन को बहुत-बहुत धन्यवाद देना नहीं भूल सकता। धन्यवाद।

***

Index

Sr. No.	Meaning	Pronounce	V1 (Base Form)	V2 (Simple past)	V3 (Past Participle)
		Verbs starts from Alphabate 'A'			
1	त्याग करना	एबनडन	Abandon	Abandoned एबनडंड	Abandoned एबनडंड
2	नफरत करना	अबोमिनेट	Abominate	Abominated अबोमिनेटेड	Abominated अबोमिनेटेड
3	ग्रहण करना	अब्ज़ॉर्ब	Absorb	Absorbed अब्ज़ॉर्ब्ड	Absorbed अब्ज़ॉर्ब्ड
4	दुरूपयोग करना	अब्यूज़	Abuse	Abused अब्यूज़्ड	Abused अब्यूज़्ड
5	स्वीकारना	एक्सेप्ट	Accept	Accepted एक्सेप्टेड	Accepted एक्सेप्टेड
6	हासिल करना	अकम्पलिश	Accomplish	Accomplished अकम्पलिश्ड	Accomplished अकम्पलिश्ड
7	इकट्ठा करना	अक्युमलेट	Accumulate	Accumulated अक्युमलेटेड	Accumulated अक्युमलेटेड
8	आरोप लगाना	अक्यूज	Accuse	Accused अक्यूज़्ड	Accused अक्यूज़्ड
9	लगातार दर्द होना	एक	Ache	Ached एकड	Ached एकड
10	हासिल करना	अचीव	Achieve	Achieved अचीव्ड	Achieved अचीव्ड
11	स्वीकारना / मान लेना	एक्नॉलेज	Acknowledge	Acknowledged एक्नॉलेज्ड	Acknowledged एक्नॉलेज्ड
12	प्राप्त करना	अक्वायर	Acquire	Acquired अक्वायर्ड	Acquired अक्वायर्ड
13	कार्य / काम करना	एक्ट	Act	Acted एक्टेड	Acted एक्टेड
14	अभिनय करना	एक्ट	Act	Acted एक्टेड	Acted एक्टेड
15	चालू करना	एक्टिवेट	Activate	Activated एक्टिवेटेड	Activated एक्टिवेटेड
16	जोड़ना	एड	Add	Added एडेड	Added एडेड
17	सम्बोधन / भाषण देना	अड्रेस	Address	Addressed अड्रेस्ड	Addressed अड्रेस्ड
18	ठीक करना / अनुकूल बनाना	अडजस्ट	Adjust	Adjusted अडजस्टेड	Adjusted अडजस्टेड
19	प्रशंसा करना	अड्मायर	Admire	Admired अड्मायर्ड	Admired अड्मायर्ड
20	कबुल करना	अड्मिट	Admit	Admitted अड्मिटेड	Admitted अड्मिटेड
21	प्रवेश देना / भर्ती करना	अड्मिट	Admit	Admitted अड्मिटेड	Admitted अड्मिटेड

Sr. No.	Meaning	Pronounce	V1 (Base Form)	V2 (Simple past)	V3 (Past Participle)
22	अपनाना / गोद लेना	अडॉप्ट	Adopt	Adopted अडॉप्टेड	Adopted अडॉप्टेड
23	खूब पसंद करना	अडोर	Adore	Adored अडोर्ड	Adored अडोर्ड
24	प्रगति करना / आगे बढ़ना	अडवांस	Advance	Advanced अडवांस्ड	Advanced अडवांस्ड
25	विज्ञापन करना	एड्वर्टाइज	Advertise	Advertised एड्वर्टाइज्ड	Advertised एड्वर्टाइज्ड
26	सलाह देना	अडवाइस	Advise	Advised अडवाइस्ड	Advised अडवाइस्ड
27	असर करना	अफेक्ट	Affect	Affected अफेक्टेड	Affected अफेक्टेड
28	दृढ़तापूर्वक कहना	अफर्म	Affirm	Affirmed अफर्म्ड	Affirmed अफर्म्ड
29	वृद्ध होना	एज	Age	Aged एज्ड	Aged एज्ड
30	ज्यादा बिगाड़ देना	अग्रवेट	Aggravate	Aggravated अग्रवेटेड	Aggravated अग्रवेटेड
31	उकसाना	एजिटेट	Agitate	Agitated एजिटेटेड	Agitated एजिटेटेड
32	सहमत होना	अग्री	Agree	Agreed अग्रीड	Agreed अग्रीड
33	लक्ष्य रखना	एम	Aim	Aimed एम्ड	Aimed एम्ड
34	सावधान करना	एलर्ट	Alert	Alerted एलर्टेड	Alerted एलर्टेड
35	हटाना / दूर करना	एलियनेट	Alienate	Alienated एलियनेटेड	Alienated एलियनेटेड
36	हल्का / कम करना	अलीवियेट	Alleviate	Alleviated अलीवियेटेड	Alleviated अलीवियेटेड
37	बाटना	अलोकेट	Allocate	Allocated अलोकेटेड	Allocated अलोकेटेड
38	आज्ञा देना	अलाउ	Allow	Allowed अलाउड	Allowed अलाउड
39	लुभाना / ललचाना	अल्योर	Allure	Allured अल्योर्ड	Allured अल्योर्ड
40	बदलना	अल्टर	Alter	Altered अल्टर्ड	Altered अल्टर्ड
41	एक होना	अमाल्गमेट	Amalgamate	Amalgamated अमाल्गमेटेड	Amalgamated अमाल्गमेटेड
42	ढेर लगाना / इकट्ठा करना	अमास	Amass	Amassed अमास्ड	Amassed अमास्ड
43	चकित कर देना	अमेज	Amaze	Amazed अमेज्ड	Amazed अमेज्ड

Sr. No.	Meaning	Pronounce	V1 (Base Form)	V2 (Simple past)	V3 (Past Participle)
44	घात लगाना	एम्बुश	Ambush	Ambushed एम्बुश्ड	Ambushed एम्बुश्ड
45	सुधारना (स्थिति)	अमिलियरेट	Ameliorate	Ameliorated अमिलियरेटेड	Ameliorated अमिलियरेटेड
46	सुधारना / ठीक करना	अमेंड	Amend	Amended अमेंडेड	Amended अमेंडेड
47	खुश करना	अम्यूज	Amuse	Amused अम्यूज़्ड	Amused अम्यूज़्ड
48	विश्लेषण करना	एनलाइज	Analyze	Analyzed एनलाइज्ड	Analyzed एनलाइज्ड
49	जिवंत कर देना	एनिमेट	Animate	Animated एनिमेटेड	Animated एनिमेटेड
50	अस्तित्व मिटा देना	अनायलेट	Annihilate	Annihilated अनायलेटेड	Annihilated अनायलेटेड
51	घोषित करना	अनाउन्स	Announce	Announced अनाउन्स्ड	Announced अनाउन्स्ड
52	परेशान / गुस्से करना	अनोय	Annoy	Annoyed अनोय्ड	Annoyed अनोय्ड
53	उतर देना	आन्सर	Answer	Answered आन्सर्ड	Answered आन्सर्ड
54	दुश्मनी मोल लेना	एंटागोनाइज़	Antagonize	Antagonized एंटागोनाइज्ड	Antagonized एंटागोनाइज्ड
55	पूर्वानुमान करना	एन्टिसिपेट	Anticipate	Anticipated एन्टिसिपेटेड	Anticipated एन्टिसिपेटेड
56	माफ़ी मांगना	अपोलोजाइज़	Apologize	Apologized अपोलोजाइज्ड	Apologized अपोलोजाइज्ड
57	अरजी करना / आकर्षित करना	अपिल	Appeal	Appealed अपिल्ड	Appealed अपिल्ड
58	दिखना	अपीयर	Appear	Appeared अपियर्ड	Appeared अपियर्ड
59	तालिया बजाना	अपलोड	Applaud	Applauded अपलोडेड	Applauded अपलोडेड
60	लागु / आवेदन करना	अप्लाय	Apply	Applied अप्लाय्ड	Applied अप्लाय्ड
61	नियुक्त करना	अपोइंट	Appoint	Appointed अपोइंटेड	Appointed अपोइंटेड
62	आंकना / मोल लगाना	अप्रैइज	Appraise	Appraised अप्रैइज्ड	Appraised अप्रैइज्ड
63	कदर करना	अप्रिशियेट	Appreciate	Appreciated अप्रीशियेटेड	Appreciated अप्रीशियेटेड
64	गिरफ्तार करना	एप्रिहेंड	Apprehend	Apprehended एप्रिहेंडेड	Apprehended एप्रिहेंडेड
65	पास जाना / पहुंचना	अप्रोच	Approach	Approached अप्रोच्ड	Approached अप्रोच्ड

Sr. No.	Meaning	Pronounce	V1 (Base form)	V2 (Simple past)	V3 (Past Participle)
66	मंजूर करना	अप्रूव	Approve	Approved अप्रूव्ड	Approved अप्रूव्ड
67	बहस / दलीले करना	आर्ग्यू	Argue	Argued आर्ग्यूड	Argued आर्ग्यूड
68	उगना / उठना	अराइज	Arise	Arose अरोज़	Arisen अराइज़न
69	शस्त्र युक्त करना	आर्म	Arm	Armed आर्म्ड	Armed आर्म्ड
70	जगाना / उकसाना	अराउज	Arouse	Aroused अराउज्ड	Aroused अराउज्ड
71	प्रबंध करना	अरेंज	Arrange	Arranged अरेंज्ड	Arranged अरेंज्ड
72	पहोचना	अराइव	Arrive	Arrived अराइव्ड	Arrived अराइव्ड
73	स्पष्ट उच्चारण करना	आर्टिक्युलेट	Articulate	Articulated आर्टिक्युलेटेड	Articulated आर्टिक्युलेटेड
74	सुनिश्चित करना	एसरटेइन	Ascertain	Ascertained एसरटेइंड	Ascertained एसरटेइंड
75	पूछना	आस्क	Ask	Asked आस्क्ड	Asked आस्क्ड
76	आकांक्षा करना	एस्पायर	Aspire	Aspired एस्पायर्ड	Aspired एस्पायर्ड
77	खून करना	असेसिनेट	Assassinate	Assassinated असेसिनेटेड	Assassinated असेसिनेटेड
78	अचानक हमला करना	असॉल्ट	Assault	Assaulted असॉल्टेड	Assaulted असॉल्टेड
79	एकत्रित होना / जोड़ना	असेम्बल	Assemble	Assembled असेम्बल्ड	Assembled असेम्बल्ड
80	मूल्यांकन करना / आंकना	असेस	Assess	Assessed असेस्ड	Assessed असेस्ड
81	समावेश होना / करना	असिमिलेट	Assimilate	Assimilated असिमिलेटेड	Assimilated असिमिलेटेड
82	जानना / सीखना	असिमिलेट	Assimilate	Assimilated असिमिलेटेड	Assimilated असिमिलेटेड
83	मदद करना	असिस्ट	Assist	Assisted असिस्टेड	Assisted असिस्टेड
84	संगत करना / जोड़ना	असोसिएट	Associate	Associated असोसिएटेड	Associated असोसिएटेड
85	समर्थन करना	असोसिएट	Associate	Associated असोसिएटेड	Associated असोसिएटेड
86	कल्पना करना	अज़्यूम	Assume	Assumed अज़्यूम्ड	Assumed अज़्यूम्ड
87	विश्वास दिलाना	अश्योर	Assure	Assured अश्योर्ड	Assured अश्योर्ड

Sr. No.	Meaning	Pronounce	V1 (Base form)	V2 (Simple past)	V3 (Past Participle)
88	चकित कर देना	एस्टोनिश	Astonish	Astonished एस्टोनिश्ड	Astonished एस्टोनिश्ड
89	सलग्न करना / जोड़ना	अटैच	Attach	Attached अटैच्ड	Attached अटैच्ड
90	हमला करना	अटेक	Attack	Attacked अटेक्ड	Attacked अटेक्ड
91	प्रयत्न करना	अटेम्प्ट	Attempt	Attempted अटेम्प्टेड	Attempted अटेम्प्टेड
92	उपस्थित रहना	अटेंड	Attend	Attended अटेंडेड	Attended अटेंडेड
93	आकर्षित करना	अट्रेक्ट	Attract	Attracted अट्रेक्टेड	Attracted अट्रेक्टेड
94	हिसाब की जांच करना	ओडिट	Audit	Audited ओडिटेड	Audited ओडिटेड
95	अधिकार देना	ओथोराइज़	Authorize	Authorized ओथोराइज़्ड	Authorized ओथोराइज़्ड
96	प्रतिशोध लेना	अवेन्ज	Avenge	Avenged अवेन्ज़्ड	Avenged अवेन्ज़्ड
97	टालना	अवोइड	Avoid	Avoided अवोइडेड	Avoided अवोइडेड
98	जागना / जगाना	अवेक	Awake	Awoke अवोक	Awoken अवोकन
99	पुरस्कार देना	अवोर्ड	Award	Awarded अवोर्डेड	Awarded अवोर्डेड
100	गति बढ़ाना	एक्सलरेट	Accelerate	Accelerated एक्सलरेटेड	Accelerated एक्सलरेटेड

Sr. No.	Meaning	Pronounce	V1 (Base form)	V2 (Simple past)	V3 (Past Participle)
			Verbs starts from Alphabate 'B'		
1	पीछे हटना / समर्थन करना	बेक	Back	Backed बेक्ड	Backed बेक्ड
2	ले लेना	बेग	Bag	Bagged बेग्ड	Bagged बेग्ड
3	सेकना	बेक	Bake	Baked बेक्ड	Baked बेक्ड
4	संतुलित करना	बेलेंस	Balance	Balanced बेलेंस्ड	Balanced बेलेंस्ड
5	प्रतिबंधित करना	बेन	Ban	Banned बेन्ड	Banned बेन्ड
6	मजाक उड़ाना	बेंटर	Banter	Bantered बेंटर्ड	Bantered बेंटर्ड
7	मोल-भाव करना	बार्गेंइन	Bargain	Bargained बार्गेंइन्ड	Bargained बार्गेंइन्ड
8	बल्लेबाजी करना	बेट	Bat	Batted बेटेड	Batted बेटेड
9	जोर से रोना या चिल्लाना	बोल	Bawl	Bawled बोल्ड	Bawled बोल्ड
10	मुस्कुराना	बीम	Beam	Beamed बीम्ड	Beamed बीम्ड
11	हराना / पीटना	बीट	Beat	Beat बीट	Beaten बीटन
12	बनना	बिकम	Become	Became बिकेम	Become बिकम
13	भीख मांगना	बेग	Beg	Begged बेग्ड	Begged बेग्ड
14	शुरू करना	बिगिन	Begin	Began बिगेन	Begun बिगन
15	अच्छा व्यव्हार करना	बिहेव	Behave	Behaved बिहेव्ड	Behaved बिहेव्ड
16	डकार लेना	बेल्च	Belch	Belched बेल्च्ड	Belched बेल्च्ड
17	मानना / भरोसा करना	बिलीव	Believe	Believed बिलीव्ड	Believed बिलीव्ड
18	से सबंध होना	बिलोंग	Belong	Belonged बिलोंग्ड	Belonged बिलोंग्ड
19	की सम्पति होना	बिलोंग	Belong	Belonged बिलोंग्ड	Belonged बिलोंग्ड
20	विचार शक्ति हर लेना / उलझाना	बीम्यूज़	Bemuse	Bemused बीम्यूज़्ड	Bemused बीम्यूज़्ड
21	जुकना / जुकाना / मोड़ना	बेन्ड	Bend	Bent बेन्ट	Bent बेन्ट

Sr. No.	Meaning	Pronounce	V1 (Base form)	V2 (Simple past)	V3 (Past Participle)
22	प्रदान करना	बिस्टो	Bestow	Bestowed बिस्टोड	Bestowed बिस्टोड
23	शर्त लगाना	बेट	Bet	Bet / Betted बेट / बेटेड	Bet / Betted बेट / बेटेड
24	धोखा देना	बीट्रैय	Betray	Betrayed बीट्रैय्ड	Betrayed बीट्रैय्ड
25	उलजन में डालना	बिविल्डर	Bewilder	Bewildered बिविल्डर्ड	Bewildered बिविल्डर्ड
26	बांधना	बाइंड	Bind	Bound बाउंड	Bound बाउंड
27	बोली लगाना	बिड	Bid	Bid बिड	Bid बिड
28	काटना / डसना	बाईट	Bite	Bit बिट	Bitten बिटन
29	उत्तरदायी ठहराना	ब्लेम	Blame	Blamed ब्लेम्ड	Blamed ब्लेम्ड
30	विस्फोट करना	ब्लास्ट	Blast	Blasted ब्लास्टेड	Blasted ब्लास्टेड
31	पूरी तरह मिल जाना	ब्लेंड	Blend	Blended ब्लेंडेड	Blended ब्लेंडेड
32	आशीर्वाद देना	ब्लेस	Bless	Blessed ब्लेस्ड	Blessed ब्लेस्ड
33	अँधा बनाना	ब्लाइन्ड	Blind	Blinded ब्लाइन्डेड	Blinded ब्लाइन्डेड
34	रोकना	ब्लोक	Block	Blocked ब्लोक्ड	Blocked ब्लोक्ड
35	खिलना / फलना-फूलना	ब्लोसम	Blossom	Blossomed ब्लोसम्ड	Blossomed ब्लोसम्ड
36	फूँक मारना / हवा का बहेना	ब्लो	Blow	Blew ब्लू	Blown ब्लोन
37	झाँसा देना	ब्लफ	Bluff	Bluffed ब्लफड	Bluffed ब्लफड
38	बड़ी भूल करना	ब्लन्डर	Blunder	Blundered ब्लन्डर्ड	Blundered ब्लन्डर्ड
39	धुँधला हो जाना या कर देना	ब्लर	Blur	Blurred ब्लर्ड	Blurred ब्लर्ड
40	सवार होना (प्लेन)	बोर्ड	Board	Boarded बोर्डेड	Boarded बोर्डेड
41	उबालना / उबलना	बोईल	Boil	Boiled बोइल्ड	Boiled बोइल्ड
42	मजबूत बनाना	बोल्स्टर	Bolster	Bolstered बोल्स्टर्ड	Bolstered बोल्स्टर्ड
43	लगातार हमला करना	बोम्बार्ड	Bombard	Bombarded बोम्बार्डेड	Bombarded बोम्बार्डेड

Sr. No.	Meaning	Pronounce	V1 (Base Form)	V2 (Simple past)	V3 (Past Participle)
44	दर्ज / बुक करना	बुक	Book	Booked बुक्ड	Booked बुक्ड
45	बोर करना / तंग करना	बोर	Bore	Bored बोर्ड	Bored बोर्ड
46	उधार लेना	बोरो	Borrow	Borrowed बोरोड	Borrowed बोरोड
47	परेशान करना	बोधर	Bother	Bothered बोधर्ड	Bothered बोधर्ड
48	झुकना / नमस्कार करना	बाऊ	Bow	Bowed बाऊड	Bowed बाऊड
49	बहिष्कार करना	बोयकोट	Boycott	Boycotted बोयकोटेड	Boycotted बोयकोटेड
50	बुद्धि भ्रष्ट करना	ब्रैनवोश	Brainwash	Brainwashed ब्रैनवोश्ड	Brainwashed ब्रैनवोश्ड
51	ब्रेक लगाना / रोकना	ब्रेक	Brake	Braked ब्रेक्ड	Braked ब्रेक्ड
52	तोडना	ब्रेक	Break	Broke ब्रोक	Broken ब्रोकन
53	साँस लेना	ब्रिध	Breathe	Breathed ब्रिध्ड	Breathed ब्रिध्ड
54	रिश्वत देना	ब्राइब	Bribe	Bribed ब्राइब्ड	Bribed ब्राइब्ड
55	चमकना / चमकाना	ब्राइटन	Brighten	Brightened ब्राइटंड	Brightened ब्राइटंड
56	लाना	ब्रिंग	Bring	Brought ब्रोट	Brought ब्रोट
57	प्रसारित करना	ब्रोडकास्ट	Broadcast	Broadcasted ब्रोडकास्टेड	Broadcasted ब्रोडकास्टेड
58	पर खरोंच आना	ब्रूझ़	Bruise	Bruised ब्रूझ़्ड	Bruised ब्रूझ़्ड
59	साफ करना	ब्रश	Brush	Brushed ब्रश्ड	Brushed ब्रश्ड
60	निर्माण करना	बिल्ड	Build	Built बिल्ट	Built बिल्ट
61	घौंस देना / धमकाना	बुली	Bully	Bullied बुलीड	Bullied बुलीड
62	भार डालना / बोझ रखना	बर्डन	Burden	Burdened बरडंड	Burdened बरडंड
63	जलना / जलाना	बर्न	Burn	Burnt / Burned बर्न्ट / बर्न्ड	Burnt / Burned बर्न्ट / बर्न्ड
64	अचानक फटना	बस्ट	Burst	Burst बस्ट	Burst बस्ट
65	दफ़नाना	बेरी	Bury	Buried बेरीड	Buried बेरीड

Sr. No.	Meaning	Pronounce	V1 (Base Form)	V2 (Simple past)	V3 (Past Participle)
66	तोड़ देना / बंदी बनाना	बस्ट	Bust	Busted बस्टेड	Busted बस्टेड
67	खरीदना	बाय	Buy	Bought बोट	Bought बोट
68	उपमार्ग से निकलना	बायपास	Bypass	Bypassed बायपास्ड	Bypassed बायपास्ड
69	समय से पहले निकल जाना	बंक	Bunk	Bunked बंक्ड	Bunked बंक्ड
70	गट्ठा बनाना	बंडल	Bundle	Bundled बंडल्ड	Bundled बंडल्ड
71	टिमटिमाना / पलकें झपकाना	ब्लिंक	Blink	Blinked ब्लिंक्ड	Blinked ब्लिंक्ड
72	बम से हमला करना	बोम्ब	Bomb	Bombed बॉम्ब्ड	Bombed बॉम्ब्ड
73	किनारी लगाना / सीमाबन्दी करना	बोर्डर	Border	Bordered बोर्डर्ड	Bordered बोर्डर्ड
74	उछलना / उछालना	बाउंस	Bounce	Bounced बाउंस्ड	Bounced बाउंस्ड
75	दृढ़ता से पकड़ना	ब्रेस	Brace	Braced ब्रेस्ड	Braced ब्रेस्ड
76	अपनी बड़ाई करना	ब्रेग	Brag	Bragged ब्रेग्ड	Bragged ब्रेग्ड
77	मौज-मस्ती में बिताना	ब्रिज़	Breeze	Breezed ब्रिज़्ड	Breezed ब्रिज़्ड
78	बकसुआ लगाना	बकल	Buckle	Buckled बकल्ड	Buckled बकल्ड
79	टक्कर खाना या उछलना	बम्प	Bump	Bumped बम्प्ड	Bumped बम्प्ड
80	प्रतिघात करना / उल्टी प्रतिक्रिया होना	बैकफायर	Backfire	Backfired बेकफायर्ड	Backfired बेकफायर्ड
81	जमानत पर छोड़ना	बेल	Bail	Bailed बेल्ड	Bailed बेल्ड
82	जल्दी से चले जाना	बेल	Bail	Bailed बेल्ड	Bailed बेल्ड
83	झाँसा देना / छलना	बाम्बुजल	Bamboozle	Bamboozled बाम्बुजल्ड	Bamboozled बाम्बुजल्ड
84	जोर से बंध करना या धमाका होना	बेंग	Bang	Banged बेंग्ड	Banged बेंग्ड
85	नींव डालना	बेज़	Base	Based बेज़्ड	Based बेज़्ड
86	सहन करना / याद रखना	बेर	Bear	Bored बोर्ड	Born/Borne बोर्न

Sr. No.	Meaning	Pronounce	V1 (Base form)	V2 (Simple past)	V3 (Past Participle)
87	मोहित करना	बिविच	Bewitch	Bewitched बिविच्ड	Bewitched बिविच्ड
88	खून निकलना	ब्लीड	Bleed	Bled ब्लेड	Bled ब्लेड
89	निखारना / उजला करना	ब्लीच	Bleach	Bleached ब्लीच्ड	Bleached ब्लीच्ड
90	तरफदारी करना	बायस	Bias	Biased बायस्ड	Biased बायस्ड
91	काली सूचि में नाम लिखना	ब्लैकलिस्ट	Blacklist	Blacklisted ब्लैकलिस्टेड	Blacklisted ब्लैकलिस्टेड
92	तेजी से बढ़ना	बूम	Boom	Boomed बूम्ड	Boomed बूम्ड
93	धूम मचाना	बूम	Boom	Boomed बूम्ड	Boomed बूम्ड
94	दरार करना / छेद करना	ब्रीच	Breach	Breached ब्रीच्ड	Breached ब्रीच्ड

Sr. No.	Meaning	Pronounce	V1 (Base form)	V2 (Simple past)	V3 (Past Participle)
			Verbs starts from Alphabate 'C'		
1	पिंजरे में बंद करना	केज	Cage	Caged केज्ड	Caged केज्ड
2	गिनती करना	केल्युलेट	Calculate	Calculated केल्क्युलेटेड	Calculated केल्क्युलेटेड
3	कोल करना	कोल	Call	Called कोल्ड	Called कोल्ड
4	शांत करना/होना	काम	Calm	Calmed काम्ड	Calmed काम्ड
5	छद्मावरण से छिपना	कैमोफ्लाज	Camouflage	Camouflaged कैमोफ्लाज्ड	Camouflaged कैमोफ्लाज्ड
6	तम्बू लगाना	केम्प	Camp	Camped केम्प्ड	Camped केम्प्ड
7	रद करना	केन्सल	Cancel	Cancelled केन्सल्ड	Cancelled केन्सल्ड
8	पक्ष-प्रचार करना	केनवास	Canvass	Canvassed केनवास्ड	Canvassed केनवास्ड
9	मोहित करना	केप्टिवेट	Captivate	Captivated केप्टिवेटेड	Captivated केप्टिवेटेड
10	पकड़ना	कैप्चर	Capture	Captured कैप्चर्ड	Captured कैप्चर्ड
11	देखभाल / परवाह करना	केर	Care	Cared केर्ड	Cared केर्ड
12	ले जाना / उठाना	केरी	Carry	Carried केरीड	Carried केरीड
13	तराशना	कार्व	Carve	Carved कार्व्ड	Carved कार्व्ड
14	झरने के रूप में गिरना	कैस्केड	Cascade	Cascaded कैस्केडेड	Cascaded कैस्केडेड
15	ढालना / सांचे में ढालना	कास्ट	Cast	Cast कास्ट	Cast कास्ट
16	नाटक के लिए चुनना	कास्ट	Cast	Cast कास्ट	Cast कास्ट
17	वर्गीकृत करना	कैटगराइज	Categorize	Categorized कैटगराइज्ड	Categorized कैटगराइज्ड
18	खिलाना / आवश्यकताएं पूरी करना	केटर	Cater	Catered केटर्ड	Catered केटर्ड
19	पकड़ना / पकड़ लेना	केच	Catch	Caught कोट	Caught कोट
20	कारन बनना / उत्पन्न करना	कोज़	Cause	Caused कोज़्ड	Caused कोज़्ड
21	रुकना / रोकना / बंद करना	सीज़	Cease	Ceased सीज़्ड	Ceased सीज़्ड

Sr. No.	Meaning	Pronounce	V1 (Base form)	V2 (Simple past)	V3 (Past Participle)
22	मनाना / उत्सव मनाना	सेलिब्रेट	Celebrate	Celebrated सेलीब्रेटेड	Celebrated सेलीब्रेटेड
23	नियंत्रण करना / काट-छांट करना	सेन्सर	Censor	Censored सेन्सर्ड	Censored सेन्सर्ड
24	केन्द्रीयकरण करना	सेंट्रलाइज	Centralize	Centralized सेंट्रलाइज़्ड	Centralized सेंट्रलाइज़्ड
25	प्रमाणित करना	सर्टिफाइ	Certify	Certified सर्टिफाइड	Certified सर्टिफाइड
26	चाक से लिखना	चौक	Chalk	Chalked चौक्ड	Chalked चौक्ड
27	ललकारना	चैलेंज	Challenge	Challenged चैलेंज्ड	Challenged चैलेंज्ड
28	आयोजन करना	चैनल	Channel	Channeled चैनल्ड	Channeled चैनल्ड
29	गाना अलापना / गुणगान करना	चांट	Chant	Chanted चांटेड	Chanted चांटेड
30	चरित्र-चित्रण करना	कैरेक्टराइज़	Characterize	Characterized कैरेक्टराइज़्ड	Characterized कैरेक्टराइज़्ड
31	दाम मांगना / आरोप लगाना	चार्ज	Charge	Charged चार्ज्ड	Charged चार्ज्ड
32	चार्ज करना	चार्ज	Charge	Charged चार्ज्ड	Charged चार्ज्ड
33	पीछा करना	चेज	Chase	Chased चेज्ड	Chased चेज्ड
34	छल करना / धोखा देना	चीट	Cheat	Cheated चीटेड	Cheated चीटेड
35	जाँचना	चेक	Check	Checked चेक्ड	Checked चेक्ड
36	प्रोत्साहन के लिए चिल्लाना	चीअर	Cheer	Cheered चीअर्ड	Cheered चीअर्ड
37	पालना / पोसना	चेरिश	Cherish	Cherished चेरिश्ड	Cherished चेरिश्ड
38	याद करना (यादें / भावनाए)	चेरिश	Cherish	Cherished चेरिश्ड	Cherished चेरिश्ड
39	चबाना	च्यू	Chew	Chewed च्यूड	Chewed च्यूड
40	चीं-चीं करना	चर्प	Chirp	Chirped चर्प्ड	Chirped चर्प्ड
41	दम घुटना / घोंटना	चोक	Choke	Choked चोक्ड	Choked चोक्ड
42	अवरुद्ध करना	चोक	Choke	Choked चोक्ड	Choked चोक्ड
43	टुकड़े टुकड़े करना	चोप	Chop	Chopped चोप्ड	Chopped चोप्ड

Sr. No.	Meaning	Pronounce	V1 (Base Form)	V2 (Simple past)	V3 (Past Participle)
44	पसंद करना	चूज़	Choose	Chose चोज़	Chosen चोज़न
45	दबी हसी हसना	चकल	Chuckle	Chuckled चकल्ड	Chuckled चकल्ड
46	बिलोना	चर्न	Churn	Churned चर्न्ड	Churned चर्न्ड
47	परिक्रमा करना / घुमाना	सर्क्युलेट	Circulate	Circulated सर्क्युलेटेड	Circulated सर्क्युलेटेड
48	उद्धरण देना / प्रमाण देना	साइट	Cite	Cited साइटेड	Cited साइटेड
49	दावा करना	क्लेइम	Claim	Claimed क्लेइम्ड	Claimed क्लेइम्ड
50	जकड़ना	क्लेम्प	Clamp	Clamped क्लेम्प्ड	Clamped क्लेम्प्ड
51	तालिया बजाना	क्लेप	Clap	Clapped क्लेप्ड	Clapped क्लेप्ड
52	स्पष्ट करना	क्लेरिफाइ	Clarify	Clarified क्लेरिफाइड	Clarified क्लेरिफाइड
53	वर्गीकृत करना	क्लासिफाइ	Classify	Classified क्लासिफाइड	Classified क्लासिफाइड
54	साफ करना / रखना	क्लीन	Clean	Cleaned क्लीन्ड	Cleaned क्लीन्ड
55	शुद्ध करना	क्लीन्स	Cleanse	Cleansed क्लीन्स्ड	Cleansed क्लीन्स्ड
56	दूर करना / साफ करना	क्लीयर	Clear	Cleared क्लीयर्ड	Cleared क्लीयर्ड
57	चढ़ना	क्लाइम	Climb	Climbed क्लाइम्ड	Climbed क्लाइम्ड
58	अवरुद्ध करना / होना	क्लोग	Clog	Clogged क्लोग्ड	Clogged क्लोग्ड
59	बंध करना	क्लोज़	Close	Closed क्लोज़्ड	Closed क्लोज़्ड
60	धुँधला करना / होना	क्लाउड	Cloud	Clouded क्लाउडेड	Clouded क्लाउडेड
61	दृढ पकड़ना	क्लिंग	Cling	Clung क्लंग	Clung क्लंग
62	अडिग रहना	क्लिंग	Cling	Clung क्लंग	Clung क्लंग
63	जकड लेना / मुठी में पकड़ना	क्लच	Clutch	Clutched क्लच्ड	Clutched क्लच्ड
64	शिक्षा देना	कोच	Coach	Coached कोच्ड	Coached कोच्ड
65	परत चढ़ाना	कोट	Coat	Coated कोटेड	Coated कोटेड

Sr. No.	Meaning	Pronounce	V1 (Base form)	V2 (Simple past)	V3 (Past Participle)
66	एक साथ होना / रहना	कोइग्ज़िस्ट	Coexist	Coexisted कोइग्जिस्टेड	Coexisted कोइग्जिस्टेड
67	मिलकर काम करना	कोलेबोरेट	Collaborate	Collaborated कोलेबोरेटेड	Collaborated कोलेबोरेटेड
68	गिर जाना / नाश हो जाना	कोलेप्स	Collapse	Collapsed कोलेप्स्ड	Collapsed कोलेप्स्ड
69	इकट्ठा करना	कलेक्ट	Collect	Collected कलेक्टेड	Collected कलेक्टेड
70	टकराना	कोलाइड	Collide	Collided कोलाइडेड	Collided कोलाइडेड
71	नई बस्ती बसाना	कोलोनाइज़	Colonize	Colonized कोलोनाइज़्ड	Colonized कोलोनाइज़्ड
72	रंगना	कलर	Color	Colored कलर्ड	Colored कलर्ड
73	कंघी करना	कोम	Comb	Combed कोम्ड	Combed कोम्ड
74	संयुक्त करना / मिलाना	कम्बाइन	Combine	Combined कम्बाइन्ड	Combined कम्बाइन्ड
75	आना	कम	Come	Came केम	Come कम
76	आदेश देना / नियंत्रित करना	कमांड	Command	Commanded कमांडेड	Commanded कमांडेड
77	शुरू करना	कमेन्स	Commence	Commenced कमेन्स्ड	Commenced कमेन्स्ड
78	टिका-टिपण्णी करना	कोमेन्ट	Comment	Commented कोमेन्टेड	Commented कोमेन्टेड
79	गलत काम करना / प्रतिज्ञा करना	कमिट	Commit	Committed कमिटेड	Committed कमिटेड
80	संपर्क-संबंध रखना	कम्युनिकेट	Communicate	Communicated कम्युनिकेटेड	Communicated कम्युनिकेटेड
81	विनिमय / हेर फेर करना	कम्यूट	Commute	Commuted कम्यूटेड	Commuted कम्यूटेड
82	तुलना करना	कंपेर	Compare	Compared कंपेर्ड	Compared कंपेर्ड
83	विवश करना / दबाव डालना	कंपेल	Compel	Compelled कंपेल्ड	Compelled कंपेल्ड
84	मुआवज़ा देना / क्षतिपूर्ति करना	कम्पन्सेट	Compensate	Compensated कम्पन्सेटेड	Compensated कम्पन्सेटेड
85	संकलन करना / एकत्र करना	कम्पाइल	Compile	Compiled कम्पाइल्ड	Compiled कम्पाइल्ड
86	शिकायत करना	कम्प्लेन	Complain	Complained कम्प्लेइन्ड	Complained कम्प्लेइन्ड
87	संपूर्ण करना	कम्प्लीट	Complete	Completed कम्प्लीटेड	Completed कम्प्लीटेड

Sr. No.	Meaning	Pronounce	V1 (Base form)	V2 (Simple past)	V3 (Past Participle)
88	जटिल बनाना / उलझाना	कोम्प्लिकेट	Complicate	Complicated कोम्प्लिकेटेड	Complicated कोम्प्लिकेटेड
89	प्रशंशा करना	कोम्प्लिमेंट	Compliment	Complimented कोम्प्लिमेंटेड	Complimented कोम्प्लिमेंटेड
90	संगीत बनाना / शांत होना/करना	कम्पोज़	Compose	Composed कम्पोज़्ड	Composed कम्पोज़्ड
91	बनाना / निर्मित करना	कम्पोज़	Compose	Composed कम्पोज़्ड	Composed कम्पोज़्ड
92	संपूर्ण रूप से समझना	कोम्प्रिहेंड	Comprehend	Comprehended कोम्प्रिहेंडेड	Comprehended कोम्प्रिहेंडेड
93	दबाना / संक्षिप्त करना	कम्प्रेस	Compress	Compressed कम्प्रेस्ड	Compressed कम्प्रेस्ड
94	समझौता / समाधान करना	कोम्प्रोमाइज़	Compromise	Compromised कोम्प्रोमाइज़्ड	Compromised कोम्प्रोमाइज़्ड
95	संपूर्ण रूप से ध्यान देना	कोन्सनट्रेट	Concentrate	Concentrated कोन्सनट्रेटेड	Concentrated कोन्सनट्रेटेड
96	संबंधित होना	कंसर्न	Concern	Concerned कंसर्न्ड	Concerned कंसर्न्ड
97	चिंतित होना / करना	कंसर्न	Concern	Concerned कंसर्न्ड	Concerned कंसर्न्ड
98	निंदा करना / दण्ड देना	कंडेम	Condemn	Condemned कंडेम्ड	Condemned कंडेम्ड
99	विरुद्ध में बोलना / विरोध करना	कोन्ट्राडिक्ट	Contradict	Contradicted कोन्ट्राडिक्टेड	Contradicted कोन्ट्राडिक्टेड
100	नेतृत्व करना / मार्ग दिखाना	कंडक्ट	Conduct	Conducted कंडक्टेड	Conducted कंडक्टेड
101	कबुल करना	कन्फेस	Confess	Confessed कन्फेस्ड	Confessed कन्फेस्ड
102	पुष्टि करना / पक्का करना	कन्फर्म	Confirm	Confirmed कन्फर्म्ड	Confirmed कन्फर्म्ड
103	सामना / मुकाबला करना	कनफ्रन्ट	Confront	Confronted कनफ्रन्टेड	Confronted कनफ्रन्टेड
104	उलझा देना / गड़बड़ करना	कन्प्यूज़	Confuse	Confused कन्प्यूज़्ड	Confused कन्प्यूज़्ड
105	बधाई देना	कोन्ग्रेच्युलेट	Congratulate	Congratulated कोन्ग्रेच्युलेटेड	Congratulated कोन्ग्रेच्युलेटेड
106	जुड़ना / जोड़ना / मिलाना	कनेक्ट	Connect	Connected कनेक्टेड	Connected कनेक्टेड
107	जितना / परास्त करना	कोन्कर	Conquer	Conquered कोन्कर्ड	Conquered कोन्कर्ड
108	रक्षा करना / सुरक्षित रखना	कंज़र्व	Conserve	Conserved कंज़र्व्ड	Conserved कंज़र्व्ड
109	विचार करना / गौर करना	कंसीडर	Consider	Considered कंसीडर्ड	Considered कंसीडर्ड

Sr. No.	Meaning	Pronounce	V1 (Base form)	V2 (Simple past)	V3 (Past Participle)
110	का बना होना	कन्सिस्ट	Consist	Consisted कन्सिस्टेड	Consisted कन्सिस्टेड
111	दिलासा / सांत्वना देना	कोन्सोल	Console	Consoled कोन्सोल्ड	Consoled कोन्सोल्ड
112	मजबूत बनाना / संगठित करना	कोन्सोलिडेट	Consolidate	Consolidated कोन्सोलिडेटेड	Consolidated कोन्सोलिडेटेड
113	बाधित करना / रोकना	कंस्ट्रेइन	Constrain	Constrained कंस्ट्रेइंड	Constrained कंस्ट्रेइंड
114	निर्माण करना	कन्स्ट्रक्ट	Construct	Constructed कन्स्ट्रक्टेड	Constructed कन्स्ट्रक्टेड
115	राय लेना / मशवरा करना	कन्सल्ट	Consult	Consulted कन्सल्टेड	Consulted कन्सल्टेड
116	काम में लाना / खाना/पि जाना	कंज़्यूम	Consume	Consumed कंज़्यूम्ड	Consumed कंज़्यूम्ड
117	संपर्क करना	कोन्टेक्ट	Contact	Contacted कोन्टेक्टेड	Contacted कोन्टेकटेड
118	समाविष्ट / नियंत्रित करना	कन्टेइन	Contain	Contained कन्टेइन्ड	Contained कन्टेइन्ड
119	दूषित करना	कन्टामिनेट	Contaminate	Contaminated कन्टामिनेटेड	Contaminated कन्टामिनेटेड
120	चिंतन करना / मनन करना	कन्टेम्प्लेट	Contemplate	Contemplated कन्टेम्प्लेटेड	Contemplated कन्टेम्प्लेटेड
121	चालू रखना	कन्टीन्यू	Continue	Continued कन्टीन्यूड	Continued कन्टीन्यूड
122	सिकुड़ना / सिकोड़ना	कोन्ट्रेक्ट	Contract	Contracted कोन्ट्रेक्टेड	Contracted कोन्ट्रेक्टेड
123	करार करना	कोन्ट्रेक्ट	Contract	Contracted कोन्ट्रेक्टेड	Contracted कोन्ट्रेक्टेड
124	विषमता / फर्क दिखाना	कोन्ट्रास्ट	Contrast	Contrasted कोन्ट्रास्टेड	Contrasted कोन्ट्रास्टेड
125	योगदान देना / कारन बनना	कन्ट्रीब्यूट	Contribute	Contributed कन्ट्रीब्यूटेड	Contributed कन्ट्रीब्यूटेड
126	नियंत्रित करना	कन्ट्रोल	Control	Controlled कन्ट्रोल्ड	Controlled कन्ट्रोल्ड
127	बदलना / परिवर्तित करना	कन्वर्ट	Convert	Converted कन्वर्टेड	Converted कन्वर्टेड
128	वहन करना / व्यक्त करना	कन्वेय	Convey	Conveyed कन्वेय्ड	Conveyed कन्वेय्ड
129	विश्वास दिलाना	कन्विन्स	Convince	Convinced कन्विन्स्ड	Convinced कन्विन्स्ड
130	रसोई बनाना	कुक	Cook	Cooked कुक्ड	Cooked कुक्ड
131	साथ / सहयोग देना	कोओपरेट	Cooperate	Cooperated कोओपरेटेड	Cooperated कोओपरेटेड

Sr. No.	Meaning	Pronounce	V1 (Base Form)	V2 (Simple past)	V3 (Past Participle)
132	नक़ल करना	कोपी	Copy	Copied कोपीड	Copied कोपीड
133	घेर लेना	कोर्नर	Corner	Cornered कोर्नर्ड	Cornered कोर्नर्ड
134	सही करना / सुधारना	करेक्ट	Correct	Corrected करेक्टेड	Corrected करेक्टेड
135	समान होना / मेल खाना	कोरस्पोन्ड	Correspond	Corresponded कोरस्पोन्डेड	Corresponded कोरस्पोन्डेड
136	भ्रष्ट करना / अपवित्र करना	करप्ट	Corrupt	Corrupted करप्टेड	Corrupted करप्टेड
137	मूल्य आंकना / महँगा पड़ना	कोस्ट	Cost	Cost कोस्ट	Cost कोस्ट
138	खाँसना / कफ निकालना	कफ	Cough	Coughed कफ़ड	Coughed कफ़ड
139	गिनना / भरोसा करना	काउन्ट	Count	Counted काउन्टेड	Counted काउन्टेड
140	व्यर्थ / प्रभाव हिन कर देना	काउन्टरेक्ट	Counteract	Counteracted काउन्टरेक्टेड	Counteracted काउन्टरेक्टेड
141	जुड़ना / जोड़ना	कपल	Couple	Coupled कपल्ड	Coupled कपल्ड
142	छुपाना / ढकना	कवर	Cover	Covered कवर्ड	Covered कवर्ड
143	तोडना / दरार पड़ना	क्रेक	Crack	Cracked क्रेक्ड	Cracked क्रेक्ड
144	टकराना / जोक कहना	क्रेक	Crack	Cracked क्रेक्ड	Cracked क्रेक्ड
145	रटना / ठसाठस भरना	क्रैम	Cram	Crammed क्रैम्ड	Crammed क्रैम्ड
146	काम करना बंध कर देना	क्रैश	Crash	Crashed क्रैश्ड	Crashed क्रैश्ड
147	टकराना / धमाके से गिरना	क्रैश	Crash	Crashed क्रैश्ड	Crashed क्रैश्ड
148	घसीटते चलना	क्रोल	Crawl	Crawled क्रोल्ड	Crawled क्रोल्ड
149	बनाना / उत्पन्न करना	क्रिएट	Create	Created क्रिएटेड	Created क्रिएटेड
150	श्रेय देना / जमा करना	क्रेडिट	Credit	Credited क्रेडिटेड	Credited क्रेडिटेड
151	रोना	क्राइ	Cry	Cried क्राइड	Cried क्राइड
152	विकलांग बनाना	क्रिपल	Cripple	Crippled क्रिपल्ड	Crippled क्रिपल्ड
153	निंदा / आलोचना करना	क्रिटिसाइज़	Criticize	Criticized क्रिटिसाइज़्ड	Criticized क्रिटिसाइज़्ड

Sr. No.	Meaning	Pronounce	V1 (Base form)	V2 (Simple past)	V3 (Past Participle)
154	काटना / रोपन करना	क्रोप	Crop	Cropped क्रोप्ड	Cropped क्रोप्ड
155	पार करना / लांघना	क्रोस	Cross	Crossed क्रोस्ड	Crossed क्रोस्ड
156	मुकुट पहनाना	क्राउन	Crown	Crowned क्राउंड	Crowned क्राउंड
157	टुकड़े टुकड़े होना / करना	क्रम्बल	Crumble	Crumbled क्रम्बल्ड	Crumbled क्रम्बल्ड
158	कुचलना / पीसना / हराना	क्रश	Crush	Crushed क्रश्ड	Crushed क्रश्ड
159	टोप लेवल पर पहुंचना	कल्मिनेट	Culminate	Culminated कल्मिनेटेड	Culminated कल्मिनेटेड
160	खेती करना / विकसित करना	कल्टिवेट	Cultivate	Cultivated कल्टिवेटेड	Cultivated कल्टिवेटेड
161	नियंत्रण करना / वश में रखना	कर्ब	Curb	Curbed कर्ब्ड	Curbed कर्ब्ड
162	उपचार करना	क्योर	Cure	Cured क्योर्ड	Cured क्योर्ड
163	शाप देना	कर्स	Curse	Cursed कर्स्ड	Cursed कर्स्ड
164	मुड़ना / मोड़ना	कर्व	Curve	Curved कर्व्ड	Curved कर्व्ड
165	काटना	कट	Cut	Cut कट	Cut कट

Sr. No.	Meaning	Pronounce	V1 (Base Form)	V2 (Simple past)	V3 (Past Participle)
	**Verbs starts from Alphabate 'D'**				
1	नुकसान पहुँचाना	डेमेज	Damage	Damaged डेमेज्ड	Damaged डेमेज्ड
2	नम करना / कम करना	डेम्पन	Dampen	Dampened डेम्पन्ड	Dampened डेम्पन्ड
3	नृत्य करना	डान्स	Dance	Danced डान्स्ड	Danced डान्स्ड
4	अँधेरा करना / होना	डार्कन	Darken	Darkened डार्कन्ड	Darkened डार्कन्ड
5	जोर से फेकना / पटकना	डेश	Dash	Dashed डेश्ड	Dashed डेश्ड
6	तारीख लिखना / देना	डेट	Date	Dated डेटेड	Dated डेटेड
7	पुराना लगना	डेट	Date	Dated डेटेड	Dated डेटेड
8	दिवास्वप्न देखना	डेड्रीम	Daydream	Daydreamed डेड्रीम्ड	Daydreamed डेड्रीम्ड
9	चौंधिया जाना / चकित कर देना	डैज़ल	Dazzle	Dazzled डैजल्ड	Dazzled डैजल्ड
10	सौदा / व्यापार करना	डील	Deal	Dealt डेल्ट	Dealt डेल्ट
11	बहस / वाद विवाद करना	डिबेट	Debate	Debated डिबेटेड	Debated डिबेटेड
12	खाते में से पैसे निकालना	डेबिट	Debit	Debited डेबिटेड	Debited डेबिटेड
13	सड़ना / क्षीण होना/करना	डिकेय	Decay	Decayed डिकेय्ड	Decayed डिकेय्ड
14	ठगना / छलना / बहकाना	डिसीव	Deceive	Deceived डिसीव्ड	Deceived डिसीव्ड
15	विकेन्द्रियकरण करना	डिसेंट्रलाइज़	Decentralize	Decentralized डिसेंट्रलाइज़्ड	Decentralized डिसेंट्रलाइज़्ड
16	निश्चित करना	डिसाइड	Decide	Decided डिसाइडेड	Decided डिसाइडेड
17	समझना / अर्थ निकालना	डिसाइफर	Decipher	Deciphered डिसाइफर्ड	Deciphered डिसाइफर्ड
18	घोषित करना	डिक्लेर	Declare	Declared डिक्लेर्ड	Declared डिक्लेर्ड
19	इन्कार करना / कम या पतन होना	डिक्लाइन	Decline	Declined डिक्लाइन्ड	Declined डिक्लाइन्ड
20	सजाना / सम्मानित करना	डेकोरेट	Decorate	Decorated डेकोरेटेड	Decorated डेकोरेटेड

Sr. No.	Meaning	Pronounce	V1 (Base form)	V2 (Simple past)	V3 (Past Participle)
21	घटना / घटाना	डिक्रीज़	Decrease	Decreased डिक्रीज़्ड	Decreased डिक्रीज़्ड
22	अर्पण / समर्पण करना	डेडिकेट	Dedicate	Dedicated डेडिकेटेड	Dedicated डेडिकेटेड
23	बदनाम करना / कलंक लगाना	डिफेम	Defame	Defamed डिफेम्ड	Defamed डिफेम्ड
24	हराना	डिफीट	Defeat	Defeated डिफीटेड	Defeated डिफीटेड
25	बचाना / रक्षा करना	डिफेन्ड	Defend	Defended डिफ़ेन्डेड	Defended डिफ़ेन्डेड
26	मुल्तवी करना	डिफर	Defer	Deferred डिफर्ड	Deferred डिफर्ड
27	व्याख्या करना / स्पष्ट अर्थ कहना	डिफाइन	Define	Defined डिफाइन्ड	Defined डिफाइन्ड
28	जंगल काटना	डिफोरेस्ट	Deforest	Deforested डिफोरेस्टेड	Deforested डिफोरेस्टेड
29	उपेक्षा करना / चुनौती देना	डिफाय	Defy	Defied डिफाय्ड	Defied डिफाय्ड
30	मूल्य घटाना / निचा दिखाना	डिग्रेड	Degrade	Degraded डिग्रेडेड	Degraded डिग्रेडेड
31	निर्जलित होना / सुखाना	डिहाइड्रेट	Dehydrate	Dehydrated डिहाइड्रेटेड	Dehydrated डिहाइड्रेटेड
32	देरी / विलंब करना	डिले	Delay	Delayed डिलेय्ड	Delayed डिलेय्ड
33	कार्य सौंपना	डेलिगेट	Delegate	Delegated डेलिगेटेड	Delegated डेलिगेटेड
34	हटाना / मिटाना	डिलीट	Delete	Deleted डिलीटेड	Deleted डिलीटेड
35	आनंदित करना	डिलाइट	Delight	Delighted डिलाइटेड	Delighted डिलाइटेड
36	अंकित / वर्णन करना	डिलिनीएट	Delineate	Delineated डिलिनीएटेड	Delineated डिलिनीएटेड
37	पहुँचाना / भाषण देना	डिलीवर	Deliver	Delivered डिलीवर्ड	Delivered डिलीवर्ड
38	मांग करना / अपेक्षा रखना	डिमान्ड	Demand	Demanded डिमान्डेड	Demanded डिमान्डेड
39	ध्वस्त / नष्ट करना	डिमोलिश	Demolish	Demolished डिमोलिश्ड	Demolished डिमोलिश्ड
40	प्रदर्शन / साबित करना	डेमोन्स्ट्रेट	Demonstrate	Demonstrated डेमोन्स्ट्रेटेड	Demonstrated डेमोन्स्ट्रेटेड
41	निरुत्साह करना	डिमोरलाइज	Demoralize	Demoralized डिमोरलाइज़्ड	Demoralized डिमोरलाइज़्ड
42	सूचित करना	डिनोट	Denote	Denoted डिनोटेड	Denoted डिनोटेड

Sr. No.	Meaning	Pronounce	V1 (Base Form)	V2 (Simple past)	V3 (Past Participle)
43	इन्कार करना	डिनाइ	Deny	Denied डिनाइड	Denied डिनाइड
44	रवाना होना / प्रस्थान करना	डिपार्ट	Depart	Departed डिपार्टेड	Departed डिपार्टेड
45	निर्भर होना / रहना	डिपेन्ड	Depend	Depended डिपेन्डेड	Depended डिपेन्डेड
46	चित्रित करना / शब्द में वर्णन करना	डिपिक्ट	Depict	Depicted डिपिक्टेड	Depicted डिपिक्टेड
47	पूरा खाली करना	डिप्लीट	Deplete	Depleted डिप्लीटेड	Depleted डिप्लीटेड
48	तैनात करना	डिप्लोय	Deploy	Deployed डिप्लोय्ड	Deployed डिप्लोय्ड
49	देश निकाल करना	डिपोर्ट	Deport	Deported डिपोर्टेड	Deported डिपोर्टेड
50	जमा करना	डिपोज़िट	Deposit	Deposited डिपोज़िटेड	Deposited डिपोज़िटेड
51	छीन लेना / वंचित करना	डिप्राइव	Deprive	Deprived डिप्राइव्ड	Deprived डिप्राइव्ड
52	मिलना / प्राप्त करना	डिराइव	Derive	Derived डिराइव्ड	Derived डिराइव्ड
53	वर्णन करना	डिस्क्राइब	Describe	Described डिस्क्राइब्ड	Described डिस्क्राइब्ड
54	सदा के लिए त्याग देना	डेज़र्ट	Desert	Deserted डेज़र्टेड	Deserted डेज़र्टेड
55	लायक होना	डिज़र्व	Deserve	Deserved डिज़र्व्ड	Deserved डिज़र्व्ड
56	डिजाइन / योजना बनाना	डिज़ाइन	Design	Designed डिज़ाइन्ड	Designed डिज़ाइन्ड
57	चाहना	डिज़ायर	Desire	Desired डिज़ायर्ड	Desired डिज़ायर्ड
58	भेजना	डिस्पैच	Despatch	Despatched डिस्पैच्ड	Despatched डिस्पैच्ड
59	नष्ट / बरबाद करना	डिस्ट्रॉय	Destroy	Destroyed डिस्ट्रॉय्ड	Destroyed डिस्ट्रॉय्ड
60	अलग होना / करना	डिटैच	Detach	Detached डिटैच्ड	Detached डिटैच्ड
61	सविस्तार वर्णन करना	डिटेइल	Detail	Detailed डिटेइल्ड	Detailed डिटेइल्ड
62	अटकाना / रोकना	डिटेइन	Detain	Detained डिटेइन्ड	Detained डिटेइन्ड
63	खोजना / पता लगाना	डिटेक्ट	Detect	Detected डिटेक्टेड	Detected डिटेक्टेड
64	बिगाड़ना / और भी ख़राब होना	डिटेरिओरेट	Deteriorate	Deteriorated डिटेरिओरेटेड	Deteriorated डिटेरिओरेटेड

Sr. No.	Meaning	Pronounce	V1 (Base Form)	V2 (Simple past)	V3 (Past Participle)
65	संकल्प / पक्का करना	डिटर्मिन	Determine	Determined डिटर्मिन्ड	Determined डिटर्मिन्ड
66	विस्फोट करना / होना	डेटोनेट	Detonate	Detonated डेटोनेटेड	Detonated डेटोनेटेड
67	सर्वनाश करना	डेवस्टेट	Devastate	Devastated डेवस्टेटेड	Devastated डेवस्टेटेड
68	स्तब्ध होना / करना	डेवस्टेट	Devastate	Devastated डेवस्टेटेड	Devastated डेवस्टेटेड
69	विकास होना / करना	डिवेलप	Develop	Developed डिवेलप्ड	Developed डिवेलप्ड
70	अर्पित करना	डिवोट	Devote	Devoted डिवोटेड	Devoted डिवोटेड
71	निदान करना	डायग्नोज	Diagnose	Diagnosed डायग्नोज्ड	Diagnosed डायग्नोज्ड
72	निराश / मायूस करना	डिसअपॉइंट	Disappoint	Disappointed डिसअपोईंटेड	Disappointed डिसअपोईंटेड
73	बोलकर लिखाना	डिक्टेट	Dictate	Dictated डिक्टेटेड	Dictated डिक्टेटेड
74	आदेश देना	डिक्टेट	Dictate	Dictated डिक्टेटेड	Dictated डिक्टेटेड
75	मर जाना	डाइ	Die	Died डाइड	Died डाइड
76	भिन्न / मतभेद होना	डिफर	Differ	Differed डिफर्ड	Differed डिफर्ड
77	भेद / अंतर करना	डिफ्रंशिएट	Differentiate	Differentiated डिफ्रंशिएटेड	Differentiated डिफ्रंशिएटेड
78	खोदना	डिग	Dig	Dug डग	Dug डग
79	पचना / पचाना	डाइजेस्ट	Digest	Digested डाइजेस्टेड	Digested डाइजेस्टेड
80	समझकर सीखना	डाइजेस्ट	Digest	Digested डाइजेस्टेड	Digested डाइजेस्टेड
81	पतला करना / फीका करना	डिल्यूट	Dilute	Diluted डिल्यूटेड	Diluted डिल्यूटेड
82	धुंधला होना / करना	डिम	Dim	Dimmed डिम्ड	Dimmed डिम्ड
83	घटना / घटाना	डिमिनिश	Diminish	Diminished डिमिनिश्ड	Diminished डिमिनिश्ड
84	भोजन करना	डाइन	Dine	Dined डाइन्ड	Dined डाइन्ड
85	डूबना / डुबाना / डुबोना	डिप	Dip	Dipped डिप्ड	Dipped डिप्ड
86	संचालित करना / मार्ग दिखाना	डीरेक्ट	Direct	Directed डीरेक्टेड	Directed डीरेक्टेड

Sr. No.	Meaning	Pronounce	V1 (Base Form)	V2 (Simple past)	V3 (Past Participle)
87	असमर्थ करना	डिसएबल	Disable	Disabled डिसएबल्ड	Disabled डिसएबल्ड
88	असहमत होना	डिसअग्री	Disagree	Disagreed डिसअग्रीड	Disagreed डिसअग्रीड
89	अस्वीकार / नापसंद करना	डिसअप्रूव	Disapprove	Disapproved डिसअप्रूव्ड	Disapproved डिसअप्रूव्ड
90	फेंक देना / निकाल देना	डिस्कार्ड	Discard	Discarded डिस्कार्डेड	Discarded डिस्कार्डेड
91	छोड़ना / छुट्टी देना	डिस्चार्ज	Discharge	Discharged डिस्चार्ज्ड	Discharged डिस्चार्ज्ड
92	अनुशासित करना	डिसिप्लिन	Discipline	Disciplined डिसिप्लिन्ड	Disciplined डिसिप्लिन्ड
93	जाहिर / प्रकट करना	डिस्क्लोज़	Disclose	Disclosed डिस्क्लोज़्ड	Disclosed डिस्क्लोज़्ड
94	अलग करना / काटना	डिसकनेक्ट	Disconnect	Disconnected डिसकनेक्टेड	Disconnected डिसकनेक्टेड
95	बन्द कर देना	डिसकन्टिन्यू	Discontinue	Discontinued डिसकन्टिन्यूड	Discontinued डिसकन्टिन्यूड
96	छूट देना / खंडन करना	डिस्काउन्ट	Discount	Discounted डिस्काउन्टेड	Discounted डिस्काउन्टेड
97	हतोत्साह करना	डिस्करेज	Discourage	Discouraged डिस्करेज्ड	Discouraged डिस्करेज्ड
98	खोजना / मालूम करना	डिस्कवर	Discover	Discovered डिस्कवर्ड	Discovered डिस्कवर्ड
99	पक्षपात / भेद करना	डिस्क्रिमिनेट	Discriminate	Discriminated डिस्क्रिमिनेटेड	Discriminated डिस्क्रिमिनेटेड
100	चर्चा करना	डिस्कस	Discuss	Discussed डिस्कस्ड	Discussed डिस्कस्ड
101	मुक्त / अलग करना	डिसइंगेज	Disengage	Disengaged डिसइंगेज्ड	Disengaged डिसइंगेज्ड
102	भेष बदलना	डिस्गाइज़	Disguise	Disguised डिस्गाइज़्ड	Disguised डिस्गाइज़्ड
103	घृणा करना	डिस्गस्ट	Disgust	Disgusted डिस्गस्टेड	Disgusted डिस्गस्टेड
104	बदनामी करना / अस्वीकृत करना	डिसऑनर	Dishonor	Dishonored डिसऑनर्ड	Dishonored डिसऑनर्ड
105	आज्ञा न मानना	डिसओबे	Disobey	Disobeyed डिसओबेड	Disobeyed डिसओबेड
106	भेजना / पहुँचाना	डिस्पैच	Dispatch	Dispatched डिस्पैच्ड	Dispatched डिस्पैच्ड
107	दिखाना / प्रदर्शित करना	डिस्प्ले	Display	Displayed डिस्प्लेड	Displayed डिस्प्लेड
108	निपटाना / निकालना	डिस्पोज़	Dispose	Disposed डिस्पोज़्ड	Disposed डिस्पोज़्ड

Sr. No.	Meaning	Pronounce	V1 (Base form)	V2 (Simple past)	V3 (Past Participle)
109	विवाद / बहस करना	डिस्प्यूट	Dispute	Disputed डिस्प्यूटेड	Disputed डिस्प्यूटेड
110	अयोग्य ठहराना	डिसक्वॉलिफाय	Disqualify	Disqualified डिसक्वॉलिफाय्ड	Disqualified डिसक्वॉलिफाय्ड
111	भंग करना	डिसरप्ट	Disrupt	Disrupted डिसरप्टेड	Disrupted डिसरप्टेड
112	उड़ाना / अपव्यय करना	डिसिपेट	Dissipate	Dissipated डिसिपेटेड	Dissipated डिसिपेटेड
113	पिघलना / पिघलाना	डिज़ोल्व	Dissolve	Dissolved डिज़ोल्व्ड	Dissolved डिज़ोल्व्ड
114	शुद्ध करना (प्रवाही)	डिस्टिल	Distil	Distilled डिस्टिल्ड	Distilled डिस्टिल्ड
115	पहचानना / अलग करना	डिस्टिंग्विश	Distinguish	Distinguished डिस्टिंग्विश्ड	Distinguished डिस्टिंग्विश्ड
116	ध्यान भंग करना	डिस्ट्रैक्ट	Distract	Distracted डिस्ट्रैक्टेड	Distracted डिस्ट्रैक्टेड
117	वितरण करना	डिस्ट्रिब्यूट	Distribute	Distributed डिस्ट्रिब्यूटेड	Distributed डिस्ट्रिब्यूटेड
118	शांति भंग करना / सताना	डिस्टर्ब	Disturb	Disturbed डिस्टर्ब्ड	Disturbed डिस्टर्ब्ड
119	डुबकी मारना / निचे स्तर पर जाना	डाइव	Dive	Dived डाइव्ड	Dived डाइव्ड
120	विविधता लाना	डाइवर्सिफाइ	Diversify	Diversified डाइवर्सिफाइड	Diversified डाइवर्सिफाइड
121	ध्यान हटाना / दूसरे काम में लगाना	डाइवर्ट	Divert	Diverted डाइवर्टेड	Diverted डाइवर्टेड
122	विभाजित करना	डिवाइड	Divide	Divided डिवाइडेड	Divided डिवाइडेड
123	तलाक देना	डिवोर्स	Divorce	Divorced डिवोर्स्ड	Divorced डिवोर्स्ड
124	करना	डु	Do	Did डीड	Done डन
125	लिखित प्रमाण देना	डोक्यूमेन्ट	Document	Documented डोक्यूमेन्टेड	Documented डोक्यूमेन्टेड
126	खिसकना / टाल देना	डोज	Dodge	Dodged डोज्ड	Dodged डोज्ड
127	पालतू / घरेलु बनाना	डोमेस्टिकेट	Domesticate	Domesticated डोमेस्टिकेटेड	Domesticated डोमेस्टिकेटेड
128	वर्चस्व / प्रभुत्व रखना	डोमिनेट	Dominate	Dominated डोमिनेटेड	Dominated डोमिनेटेड
129	नियंत्रित करना / छा जाना	डोमिनेट	Dominate	Dominated डोमिनेटेड	Dominated डोमिनेटेड
130	दान करना	डोनेट	Donate	Donated डोनेटेड	Donated डोनेटेड

Sr. No.	Meaning	Pronounce	V1 (Base form)	V2 (Simple past)	V3 (Past Participle)
131	बिंदु लगाना	डॉट	Dot	Dotted डॉटेड	Dotted डॉटेड
132	दुगुना करना	डबल	Double	Doubled डबल्ड	Doubled डबल्ड
133	संदेह / शक करना	डाउट	Doubt	Doubted डाउटेड	Doubted डाउटेड
134	घसीटना	ड्रैग	Drag	Dragged ड्रैग्ड	Dragged ड्रैग्ड
135	सुखाना / खाली करना	ड्रेन	Drain	Drained ड्रेइन्ड	Drained ड्रेइन्ड
136	चित्र बनाना / खींचना	ड्रो	Draw	Drew ड्रू	Drawn ड्रोन
137	सपना देखना	ड्रीम	Dream	Dreamt/Dreamed ड्रीम्ड / ड्रेम्ट	Dreamt/Dreamed ड्रीम्ड / ड्रेम्ट
138	कपडा पहनना / पहनाना	ड्रेस	Dress	Dressed ड्रेस्ड	Dressed ड्रेस्ड
139	मरहमपट्टी करना	ड्रेस	Dress	Dressed ड्रेस्ड	Dressed ड्रेस्ड
140	छेद करना / कवायत कराना	ड्रिल	Drill	Drilled ड्रिल्ड	Drilled ड्रिल्ड
141	पीना	ड्रिंक	Drink	Drank ड्रैंक	Drunk ड्रंक
142	गाडी चलाना	ड्राइव	Drive	Drove ड्रोव	Driven ड्रिवन
143	गिरना / गिराना / छोड़ देना	ड्रोप	Drop	Dropped ड्रोप्ड	Dropped ड्रोप्ड
144	ढोल बजाना	ड्रम	Drum	Drummed ड्रम्ड	Drummed ड्रम्ड
145	सुखना / सुखाना	ड्राइ	Dry	Dried ड्राइड	Dried ड्राइड
146	दोहराना / नक़ल करना	डुप्लीकेट	Duplicate	Duplicated डुप्लीकेटेड	Duplicated डुप्लीकेटेड
147	बसना / रहना	ड्वेल	Dwell	Dwelt/Dwelled ड्वेल्ट / ड्वेल्ड	Dwelt/Dwelled ड्वेल्ट / ड्वेल्ड
148	रंगना	डाइ	Dye	Dyed डाइड	Dyed डाइड

Sr. No.	Meaning	Pronounce	V1 (Base Form)	V2 (Simple past)	V3 (Past Participle)
			Verbs starts from Alphabate 'E'		
1	कमाना / पाना	अर्न	Earn	Earned अन्र्ड	Earned अन्र्ड
2	आसान करना / हल्का करना	इज	Ease	Eased इज्ड	Eased इज्ड
3	खाना	इट	Eat	Ate एट	Eaten इटन
4	ग्रहण लगना	इकलिप्स	Eclipse	Eclipsed इकलिप्स्ड	Eclipsed इकलिप्स्ड
5	संपादन करना	एडिट	Edit	Edited एडिटेड	Edited एडिटेड
6	शिक्षा देना	एज्युकेट	Educate	Educated एज्युकेटेड	Educated एज्युकेटेड
7	बहार करना / निकालना	इजेक्ट	Eject	Ejected इजेक्टेड	Ejected इजेक्टेड
8	विस्तार से बताना	इलेबोरेट	Elaborate	Elaborated इलेबोरेटेड	Elaborated इलेबोरेटेड
9	चुनाव करना / चयन करना	इलेक्ट	Elect	Elected इलेक्टेड	Elected इलेक्टेड
10	बिजली पहुँचाना	इलेक्ट्रिफाइ	Electrify	Electrified इलेक्ट्रिफाइड	Electrified इलेक्ट्रिफाइड
11	उत्तेजना से भर देना	इलेक्ट्रिफाइ	Electrify	Electrified इलेक्ट्रिफाइड	Electrified इलेक्ट्रिफाइड
12	ऊंचा करना / ऊपर उठाना	एलिवेट	Elevate	Elevated एलिवेटेड	Elevated एलिवेटेड
13	हटाना / निकालना / दूर करना	एलिमिनेट	Eliminate	Eliminated एलिमिनेटेड	Eliminated एलिमिनेटेड
14	स्पष्ट करना	इलुसिडेट	Elucidate	Elucidated इलुसिडेटेड	Elucidated इलुसिडेटेड
15	बधिया करना / शक्तिहीन करना	इमेस्क्यूलेट	Emasculate	Emasculated इमेस्क्यूलेटेड	Emasculated इमेस्क्यूलेटेड
16	जहाज पर चढ़ना / आरंभ करना	एम्बार्क	Embark	Embarked एम्बार्क्ड	Embarked एम्बार्क्ड
17	शर्मिंदा करना	इम्बैरस	Embarrass	Embarrassed इम्बैरस्ड	Embarrassed इम्बैरस्ड
18	मिला देना / समाविष्ट करना	एम्बोडि	Embody	Embodied एम्बोडिड	Embodied एम्बोडिड
19	हौसला बढ़ाना	एम्बोलडन	Embolden	Emboldened एम्बोलडंड	Emboldened एम्बोलडंड
20	समाविष्ट करना / गले से लगाना / स्वीकारना	इम्ब्रेस	Embrace	Embraced इम्ब्रेस्ड	Embraced इम्ब्रेस्ड

Sr. No.	Meaning	Pronounce	V1 (Base form)	V2 (Simple past)	V3 (Past Participle)
21	प्रकट होना / उभरना	इमर्ज	Emerge	Emerged इमर्ज्ड	Emerged इमर्ज्ड
22	निकालना / छोड़ना	एमिट	Emit	Emitted एमिटेड	Emitted एमिटेड
23	महत्व / जोर देना	एम्फेसाइज़	Emphasize	Emphasized एम्फेसाइज़्ड	Emphasized एम्फेसाइज़्ड
24	काम में लगाना / उपयोग करना	एम्प्लॉय	Employ	Employed एम्प्लॉय्ड	Employed एम्प्लॉय्ड
25	अधिकार देना	एम्पावर	Empower	Empowered एम्पावर्ड	Empowered एम्पावर्ड
26	खाली करना	एम्प्टी	Empty	Emptied एम्प्टीड	Emptied एम्प्टीड
27	सक्षम बनाना	अनेबल	Enable	Enabled अनेबल्ड	Enabled अनेबल्ड
28	क़ानून बनाना	इनेक्ट	Enact	Enacted इनेक्टेड	Enacted इनेक्टेड
29	घेर लेना / शामिल करना	एनकंपास	Encompass	Encompassed एनकंपास्ड	Encompassed एनकंपास्ड
30	सामना करना / आकस्मिक मिलना	एनकाउंटर	Encounter	Encountered एनकाउंटर्ड	Encountered एनकाउंटर्ड
31	प्रोत्साहित करना	एन्करेज	Encourage	Encouraged एन्करेज्ड	Encouraged एन्करेज्ड
32	अंत होना / करना	एन्ड	End	Ended एन्डेड	Ended एन्डेड
33	समर्थन करना / पृष्ठांकित करना	एंडोर्स	Endorse	Endorsed एंडोर्स्ड	Endorsed एंडोर्स्ड
34	सहन करना / टिके रहना	एन्ड्योर	Endure	Endured एन्ड्योर्ड	Endured एन्ड्योर्ड
35	कमजोर करना	इनरवेट	Enervate	Enervated इनरवेटेड	Enervated इनरवेटेड
36	लागु करना / दबाव डालना	एन्फोर्स	Enforce	Enforced एन्फोर्स्ड	Enforced एन्फोर्स्ड
37	आकर्षित करना / व्यस्त रखना	इंगेज	Engage	Engaged इंगेज्ड	Engaged इंगेज्ड
38	काम पर लगाना / शामिल होना	इंगेज	Engage	Engaged इंगेज्ड	Engaged इंगेज्ड
39	उत्पन्न / पैदा करना	एन्जेन्डर	Engender	Engendered एन्जेन्डर्ड	Engendered एन्जेन्डर्ड
40	नक्षाकारी करना	एन्ग्रेव	Engrave	Engraved एन्ग्रेव्ड	Engraved एन्ग्रेव्ड
41	तल्लीन कर लेना	एन्ग्रोस	Engross	Engrossed एन्ग्रोस्ड	Engrossed एन्ग्रोस्ड
42	सुधारना / बेहतर बनाना	एन्हान्स	Enhance	Enhanced एन्हान्स्ड	Enhanced एन्हान्स्ड

Sr. No.	Meaning	Pronounce	V1 (Base form)	V2 (Simple past)	V3 (Past Participle)
43	आनंद लेना	एन्जोय	Enjoy	Enjoyed एन्जोय्ड	Enjoyed एन्जोय्ड
44	बड़ा करना / बढ़ाना	एन्लार्ज	Enlarge	Enlarged एन्लार्ज्ड	Enlarged एन्लार्ज्ड
45	प्रकाश डालना / समझाना	एन्लाइटन	Enlighten	Enlightened एन्लाइटंड	Enlightened एन्लाइटंड
46	पूछताछ करना	इन्क्वायर	Enquire	Enquired इन्क्वायर्ड	Enquired इन्क्वायर्ड
47	समृद्ध बनाना	एनरिच	Enrich	Enriched एनरिच्ड	Enriched एनरिच्ड
48	भर्ती करना	एनरोल	Enroll	Enrolled एनरोल्ड	Enrolled एनरोल्ड
49	प्रवेश करना	एन्टर	Enter	Entered एन्टर्ड	Entered एन्टर्ड
50	मनोरंजन करना	एन्टटेइन	Entertain	Entertained एन्टटेइन्ड	Entertained एन्टटेइन्ड
51	खातिर दारी करना	एन्टटेइन	Entertain	Entertained एन्टटेइन्ड	Entertained एन्टटेइन्ड
52	ललचाना / फुसलाना	एन्टाइस	Entice	Enticed एन्टाइस्ड	Enticed एन्टाइस्ड
53	गिनना	एनुमरेट	Enumerate	Enumerated एनुमरेटेड	Enumerated एनुमरेटेड
54	लपेटना / ढकना	एन्वेलोप	Envelop	Enveloped एन्वेलोप्ड	Enveloped एन्वेलोप्ड
55	कल्पना करना	एन्विसेज	Envisage	Envisaged एन्विसेज्ड	Envisaged एन्विसेज्ड
56	ईर्ष्या करना / जलना	एन्वी	Envy	Envied एन्वीड	Envied एन्वीड
57	बराबर / बराबरी करना	इक्वल	Equal	Equaled इक्वल्ड	Equaled इक्वल्ड
58	एक समान करना	इक्वलाइज़	Equalize	Equalized इक्वलाइज़्ड	Equalized इक्वलाइज़्ड
59	सज्जित करना / लैस करना	इक्विप	Equip	Equipped इक्विप्ड	Equipped इक्विप्ड
60	जड़ से उखाड़ना	इरेडिकेट	Eradicate	Eradicated इरेडिकेटेड	Eradicated इरेडिकेटेड
61	मिटाना / काट देना	इरेज	Erase	Erased इरेज्ड	Erased इरेज्ड
62	निर्माण करना / खड़ा करना	इरेक्ट	Erect	Erected इरेक्टेड	Erected इरेक्टेड
63	धीरे धीरे नष्ट करना	इरोड	Erode	Eroded इरोडेड	Eroded इरोडेड
64	बचना / भाग जाना	इस्केप	Escape	Escaped इस्केप्ड	Escaped इस्केप्ड

Sr. No.	Meaning	Pronounce	V1 (Base form)	V2 (Simple past)	V3 (Past Participle)
65	पहरे के साथ जाना	एस्कॉर्ट	Escort	Escorted एस्कॉर्टेड	Escorted एस्कॉर्टेड
66	स्थापित करना / नींव डालना	एस्टाब्लिश	Establish	Established एस्टाब्लिश्ड	Established एस्टाब्लिश्ड
67	सिध्ध / साबित करना	एस्टाब्लिश	Establish	Established एस्टाब्लिश्ड	Established एस्टाब्लिश्ड
68	अनुमान लगाना	एस्टिमेट	Estimate	Estimated एस्टिमेटेड	Estimated एस्टिमेटेड
69	खाली करना / कराना (जगह)	इवेक्युएट	Evacuate	Evacuated इवेक्युएटेड	Evacuated इवेक्युएटेड
70	टालना / बच निकलना	इवेड	Evade	Evaded इवेडेड	Evaded इवेडेड
71	मूल्यांकन करना	इवैल्यूएट	Evaluate	Evaluated इवैल्यूएेटेड	Evaluated इवैल्यूएेटेड
72	भाप बनना / गायब होना	इवेपोरेट	Evaporate	Evaporated इवेपोरेटेड	Evaporated इवेपोरेटेड
73	उत्पन्न करना / जगाना / बुलाना	इवोक	Evoke	Evoked इवोक्ड	Evoked इवोक्ड
74	विकसित होना / करना	इवोल्व	Evolve	Evolved इवोल्व्ड	Evolved इवोल्व्ड
75	बिगड़ी हुई को और बिगड़ना	एग्जेसबेट	Exacerbate	Exacerbated एग्जेसबेटेड	Exacerbated एग्जेसबेटेड
76	बढ़ा-चढ़ा कर बोलना	एग्जेजरेट	Exaggerate	Exaggerated एग्जेजरेटेड	Exaggerated एग्जेजरेटेड
77	जाँच पड़ताल करना	एग्जामिन	Examine	Examined एग्जामिन्ड	Examined एग्जामिन्ड
78	चिढ़ाना / क्रोध दिलाना	एग्जेस्परेट	Exasperate	Exasperated एग्जेस्परेटेड	Exasperated एग्जेस्परेटेड
79	खुदाई करना	एक्स्कवेट	Excavate	Excavated एक्स्कवेटेड	Excavated एक्स्कवेटेड
80	अधिक होना / करना	एक्सीड	Exceed	Exceeded एक्सीडेड	Exceeded एक्सीडेड
81	से बढ़कर होना	एक्सेल	Excel	Excelled एक्सेल्ड	Excelled एक्सेल्ड
82	अदला बदली करना	एक्सचेंज	Exchange	Exchanged एक्सचेंज्ड	Exchanged एक्सचेंज्ड
83	उत्तेजित करना / उकसाना	एक्साइट	Excite	Excited एक्साइटेड	Excited एक्साइटेड
84	चिल्लाकर कहना	एक्सक्लेम	Exclaim	Exclaimed एक्सक्लेम्ड	Exclaimed एक्सक्लेम्ड
85	निकाल देना / बाहर करना	एक्सक्लूड	Exclude	Excluded एक्सक्लूडेड	Excluded एक्सक्लूडेड
86	माफ़ करना / मुक्त करना	एक्सक्यूज़	Excuse	Excused एक्सक्यूज्ड	Excused एक्सक्यूज्ड

Sr. No.	Meaning	Pronounce	V1 (Base form)	V2 (Simple past)	V3 (Past Participle)
87	पालन करना	एग्ज़िक्युट	Execute	Executed एग्ज़िक्यूटेड	Executed एग्ज़िक्यूटेड
88	फांसी देना	एग्ज़िक्युट	Execute	Executed एग्ज़िक्यूटेड	Executed एग्ज़िक्यूटेड
89	उदहारण देना	एग्ज़ैम्पलीफाय	Exemplify	Exemplified एग्ज़ैम्पलीफाय्ड	Exemplified एग्ज़ैम्पलीफाय्ड
90	कसरत करना	एक्सरसाइज़	Exercise	Exercised एक्सरसाइज़्ड	Exercised एक्सरसाइज़्ड
91	श्वास निकालना / छोड़ना	एक्सहेइल	Exhale	Exhaled एक्सहेइल्ड	Exhaled एक्सहेइल्ड
92	थका देना / समाप्त कर देना	एग्जोस्ट	Exhaust	Exhausted एग्जोस्टेड	Exhausted एग्जोस्टेड
93	प्रदर्शित करना / दिखाना	एग्जीबिट	Exhibit	Exhibited एग्ज़ीबिटेड	Exhibited एग्ज़ीबिटेड
94	अस्तित्व होना / जिन्दा रहना	एग्ज़िस्ट	Exist	Existed एग्ज़िस्टेड	Existed एग्ज़िस्टेड
95	निर्दोषी ठहराना	एग्जोनरेट	Exonerate	Exonerated एग्जोनरेटेड	Exonerated एग्जोनरेटेड
96	विस्तार करना / फैलाना	एक्सपान्ड	Expand	Expanded एक्सपान्डेड	Expanded एक्सपान्डेड
97	आशा / उम्मीद करना	एक्स्पेक्ट	Expect	Expected एक्स्पेक्टेड	Expected एक्स्पेक्टेड
98	अनुभव करना	एक्सपीरियन्स	Experience	Experienced एक्सपीरियन्स्ड	Experienced एक्सपीरियन्स्ड
99	प्रयोग करना	एक्सपेरीमेन्ट	Experiment	Experimented एक्सपेरिमेन्टेड	Experimented एक्सपेरिमेन्टेड
100	समाप्त होना / मर जाना	एक्सपायर	Expire	Expired एक्सपायर्ड	Expired एक्सपायर्ड
101	समझाना / स्पष्ट करना	एक्सप्लेन	Explain	Explained एक्स्प्लेइन्ड	Explained एक्स्प्लेइन्ड
102	विस्फोट करना / फटना	एक्सप्लोड	Explode	Exploded एक्सप्लोडेड	Exploded एक्सप्लोडेड
103	शोषण करना / लाभ उठाना	एक्सप्लोइट	Exploit	Exploited एक्सप्लोइटेड	Exploited एक्सप्लोइटेड
104	खोज करना / ढूंढना	एक्सप्लोर	Explore	Explored एक्सप्लोर्ड	Explored एक्सप्लोर्ड
105	निर्यात करना / बाहर भेजना	एक्सपोर्ट	Export	Exported एक्सपोर्टेड	Exported एक्सपोर्टेड
106	उघाड़ना / खोलना	एक्सपोज़	Expose	Exposed एक्सपोज़्ड	Exposed एक्सपोज़्ड
107	व्यक्त करना / वर्णन करना	एक्सप्रेस	Express	Expressed एक्सप्रेस्ड	Expressed एक्सप्रेस्ड
108	फैलाना / लम्बाना	एक्सटेन्ड	Extend	Extended एक्सटेन्डेड	Extended एक्सटेन्डेड

Sr. No.	Meaning	Pronounce	V1 (Base Form)	V2 (Simple past)	V3 (Past Participle)
109	बुझाना	एक्स्टिंग्विश	Extinguish	Extinguished एक्स्टिंग्विश्ड	Extinguished एक्स्टिंग्विश्ड
110	निकालना / सार या अर्क निकालना	एक्स्ट्रेक्ट	Extract	Extracted एक्सट्रेक्टेड	Extracted एक्सट्रेक्टेड
111	टपकना / प्रतिबिंबित करना	एग्ज्युड	Exude	Exuded एग्ज्युडेड	Exuded एग्ज्युडेड
112	नजर रखना	आइ	Eye	Eyed आइड	Eyed आइड

Sr. No.	Meaning	Pronounce	V1 (Base Form)	V2 (Simple past)	V3 (Past Participle)
Verbs starts from Alphabate 'F'					
1	झूठ बनाना	फेब्रिकेट	Fabricate	Fabricated फेब्रिकेटेड	Fabricated फेब्रिकेटेड
2	सामने होना / सामना करना	फेस	Face	Faced फेस्ड	Faced फेस्ड
3	आसान / सरल करना	फसिलिटेट	Facilitate	Facilitated फसिलिटेटेड	Facilitated फसिलिटेटेड
4	धीरे धीरे गायब होना / फीका पड़ना	फेड	Fade	Faded फेडेड	Faded फेडेड
5	असफल होना	फेइल	Fail	Failed फेइल्ड	Failed फेइल्ड
6	बेहोश होना	फेइन्ट	Faint	Fainted फेइन्टेड	Fainted फेइन्टेड
7	नक़ल करना / नाटक करना	फेक	Fake	Faked फेक्ड	Faked फेक्ड
8	पड़ना / घटना	फोल	Fall	Fell फेल	Fallen फोलन
9	परिचित होना / करना	फमिलियराइज़	Familiarize	Familiarized फमिलियराइज्ड	Familiarized फमिलियराइज्ड
10	इच्छा होना / कल्पना करना	फैन्सी	Fancy	Fancied फैन्सीड	Fancied फैन्सीड
11	खेती करना	फार्म	Farm	Farmed फार्म्ड	Farmed फार्म्ड
12	जादू / मोहित करना	फेसिनेट	Fascinate	Fascinated फेसिनेटेड	Fascinated फेसिनेटेड
13	उपवास करना	फास्ट	Fast	Fasted फास्टेड	Fasted फास्टेड
14	बांधना / बन्द करना	फासन	Fasten	Fastened फासंड	Fastened फासंड
15	पूर्ण रूप से समझना	फेधम	Fathom	Fathomed फेधम्ड	Fathomed फेधम्ड
16	तरफदारी / पसंद करना	फेवर	Favor	Favored फेवर्ड	Favored फेवर्ड
17	भय होना / चिंतित होना	फिअर	Fear	Feared फिअर्ड	Feared फिअर्ड
18	खाना / खिलाना	फीड	Feed	Fed फेड	Fed फेड
19	खाना देना	फीड	Feed	Fed फेड	Fed फेड
20	महसूस करना	फिल	Feel	Felt फेल्ट	Felt फेल्ट

Sr. No.	Meaning	Pronounce	V1 (Base Form)	V2 (Simple past)	V3 (Past Participle)
21	बाड़ लगाना	फेन्स	Fence	Fenced फेन्स्ड	Fenced फेन्स्ड
22	खमीर उठना	फर्मेन्ट	Ferment	Fermented फर्मेन्टेड	Fermented फर्मेन्टेड
23	उपजाऊ बनाना	फर्टिलाइज़	Fertilize	Fertilized फर्टिलाइज़्ड	Fertilized फर्टिलाइज़्ड
24	जाकर ले आना	फेच	Fetch	Fetched फेच्ड	Fetched फेच्ड
25	हेराफेरी करना / खिलवाड़ करना	फिडल	Fiddle	Fiddled फिडल्ड	Fiddled फिडल्ड
26	लड़ाई करना	फाइट	Fight	Fought फोट	Fought फोट
27	अनुमान लगाना	फिगर	Figure	Figured फिगर्ड	Figured फिगर्ड
28	महत्व का हिस्सा बनना	फिगर	Figure	Figured फिगर्ड	Figured फिगर्ड
29	क्रम में रखना / दर्ज करना	फाइल	File	Filed फाइल्ड	Filed फाइल्ड
30	फिल्म बनाना	फिल्म	Film	Filmed फिल्म्ड	Filmed फिल्म्ड
31	छानना / साफ करना	फिल्टर	Filter	Filtered फिल्टर्ड	Filtered फिल्टर्ड
32	पूंजी देना	फाइनान्स	Finance	Financed फाइनान्स्ड	Financed फाइनान्स्ड
33	खोजना	फाइन्ड	Find	Found फाउन्ड	Found फाउन्ड
34	दंड देना	फाइन	Fine	Fined फाइन्ड	Fined फाइन्ड
35	ऊँगली से छूना	फिगर	Finger	Fingered फिगर्ड	Fingered फिगर्ड
36	पूर्ण करना	फिनिश	Finish	Finished फिनिश्ड	Finished फिनिश्ड
37	गोली चलाना / उत्तेजित करना	फायर	Fire	Fired फायर्ड	Fired फायर्ड
38	नौकरी से निकालना	फायर	Fire	Fired फायर्ड	Fired फायर्ड
39	योग्य होना	फिट	Fit	Fitted फिटेड	Fitted फिटेड
40	जोड़ना / सही बैठना	फिट	Fit	Fitted फिटेड	Fitted फिटेड
41	पक्का करना / ठीक करना	फिक्स	Fix	Fixed फिक्स्ड	Fixed फिक्स्ड
42	मुर्जा जाना / थक जाना	फ्लेग	Flag	Flagged फ्लेग्ड	Flagged फ्लेग्ड

Sr. No.	Meaning	Pronounce	V1 (Base form)	V2 (Simple past)	V3 (Past Participle)
43	ज्वाला उत्पन्न करना	फ्लेम	Flame	Flamed फ्लेम्ड	Flamed फ्लेम्ड
44	क्रोध में आ जाना	फ्लेम	Flame	Flamed फ्लेम्ड	Flamed फ्लेम्ड
45	भड़कना (चमकना)	फ्लेर	Flare	Flared फ्लेर्ड	Flared फ्लेर्ड
46	तीव्र गति से जाना / दिखाना	फ्लेश	Flash	Flashed फ्लेश्ड	Flashed फ्लेश्ड
47	चमकना / चमकाना	फ्लेश	Flash	Flashed फ्लेश्ड	Flashed फ्लेश्ड
48	खुशामत / चापलूसी करना	फ्लैटर	Flatter	Flattered फ्लैटर्ड	Flattered फ्लैटर्ड
49	स्वाद लाना / स्वादिष्ट बनाना	फ्लेवर	Flavor	Flavored फ्लेवर्ड	Flavored फ्लेवर्ड
50	फरार होना / भागना	फ्ली	Flee	Fled फ्लेड	Fled फ्लेड
51	हलके से मारना	फ्लिक	Flick	Flicked फ्लिक्ड	Flicked फ्लिक्ड
52	टिमटिमाना	फ्लिकर	Flicker	Flickered फ्लिकर्ड	Flickered फ्लिकर्ड
53	पलटना / उछालना	फ्लिप	Flip	Flipped फ्लिप्ड	Flipped फ्लिप्ड
54	छेड़ छाड़ करना	फ्लर्ट	Flirt	Flirted फ्लर्टेड	Flirted फ्लर्टेड
55	तैरना / बहना	फ्लोट	Float	Floated फ्लोटेड	Floated फ्लोटेड
56	बाढ़ आना	फ्लड	Flood	Flooded फ्लडेड	Flooded फ्लडेड
57	भारी मात्रा में होना	फ्लड	Flood	Flooded फ्लडेड	Flooded फ्लडेड
58	भौंचक्का कर देना	फ्लोर	Floor	Floored फ्लोर्ड	Floored फ्लोर्ड
59	फलना / फूलना	फ्लरिश	Flourish	Flourished फ्लरिश्ड	Flourished फ्लरिश्ड
60	बहना	फ्लो	Flow	Flowed फ्लोड	Flowed फ्लोड
61	फूलो का खिलना	फ्लावर	Flower	Flowered फ्लावर्ड	Flowered फ्लावर्ड
62	घटना-बढ़ना	फ्लक्चुएट	Fluctuate	Fluctuated फ्लक्चुएटेड	Fluctuated फ्लक्चुएटेड
63	फफड़ाना / लहराना	फ्लटर	Flutter	Fluttered फ्लटर्ड	Fluttered फ्लटर्ड
64	उड़ना / उड़ाना	फ्लाय	Fly	Flew फ्लू	Flown फ्लोन

Sr. No.	Meaning	Pronounce	V1 (Base form)	V2 (Simple past)	V3 (Past Participle)
65	ध्यान केंद्रित करना	फोकस	Focus	Focused फोकस्ड	Focused फोकस्ड
66	मोड़ना / मुड़ना	फोल्ड	Fold	Folded फोल्डेड	Folded फोल्डेड
67	अनुसरण करना	फोलो	Follow	Followed फोलोड	Followed फोलोड
68	मुर्ख बनाना / ठगना	फूल	Fool	Fooled फूल्ड	Fooled फूल्ड
69	मना / निषेध करना	फोर्बिड	Forbid	Forbade फोर्बेड	Forbidden फोर्बिडन
70	जबर्दस्ती करना	फोर्स	Force	Forced फोर्स्ड	Forced फोर्स्ड
71	पूर्वानुमान करना	फोरकास्ट	Forecast	Forecast फोरकास्ट	Forecast फोरकास्ट
72	पूर्वानुमान करना	फोरकास्ट	Forecast	Forecasted फोरकास्टेड	Forecasted फोरकास्टेड
73	पहले से भांप लेना	फोरसी	Foresee	Foresaw फोरसो	Foreseen फोरसीन
74	खो बैठना / जब्त करा बैठना	फोरफैट	Forfeit	Forfeited फोरफैटेड	Forfeited फोरफैटेड
75	नकली बनाना	फोर्ज	Forge	Forged फोर्ज्ड	Forged फोर्ज्ड
76	आगे बढ़ना / विकसित करना	फोर्ज	Forge	Forged फोर्ज्ड	Forged फोर्ज्ड
77	भूल जाना	फर्गेट	Forget	Forgot फर्गॉट	Forgotten फर्गॉटन
78	माफ़ करना	फर्गिव	Forgive	Forgave फर्गेव	Forgiven फर्गिवन
79	विभाजित करना	फोर्क	Fork	Forked फोर्क्ड	Forked फोर्क्ड
80	बनाना / बनना	फोर्म	Form	Formed फोर्म्ड	Formed फोर्म्ड
81	विकास करना (शुरुआत)	फोर्म	Form	Formed फोर्म्ड	Formed फोर्म्ड
82	मजबूत करना	फोर्टिफाय	Fortify	Fortified फोर्टिफाय्ड	Fortified फोर्टिफाय्ड
83	आगे भेजना / बढ़ाना	फोर्वर्ड	Forward	Forwarded फोर्वर्डेड	Forwarded फोर्वर्डेड
84	पालना / प्रोत्साहन देना	फोस्टर	Foster	Fostered फोस्टर्ड	Fostered फोस्टर्ड
85	गंदा करना / नियम तोडना	फाउल	Foul	Fouled फाउल्ड	Fouled फाउल्ड
86	भंग करना / टूटना	फ्रैक्चर	Fracture	Fractured फ्रैक्चर्ड	Fractured फ्रैक्चर्ड

Sr. No.	Meaning	Pronounce	V1 (Base form)	V2 (Simple past)	V3 (Past Participle)
87	फ़साना / झूठे आरोप लगाना	फ्रेम	Frame	Framed फ्रेम्ड	Framed फ्रेम्ड
88	फ्रेम लगाना	फ्रेम	Frame	Framed फ्रेम्ड	Framed फ्रेम्ड
89	अत्यधिक प्रतिक्रिया देना	फ्रीक	Freak	Freaked फ्रीक्ड	Freaked फ्रीक्ड
90	मुक्त करना / छूट देना	फ्री	Free	Freed फ्रीड	Freed फ्रीड
91	जमना / जमा देना	फ्रिज	Freeze	Froze फ्रोज़	Frozen फ्रोज़न
92	स्थिर रखना / होना / करना	फ्रिज	Freeze	Froze फ्रोज़	Frozen फ्रोज़न
93	डराना	फ्राइटन	Frighten	Frightened फ्राइटंड	Frightened फ्राइटंड
94	त्यौरि चढ़ाना / नाराजगी दिखाना	फ्राउन	Frown	Frowned फ्राउन्ड	Frowned फ्राउन्ड
95	निराश करना / थकाना	फ्रस्ट्रेट	Frustrate	Frustrated फ्रस्ट्रेटेड	Frustrated फ्रस्ट्रेटेड
96	तलना	फ्राइ	Fry	Fried फ्राइड	Fried फ्राइड
97	भड़काना / ईंधन डालना	फ्यूअल	Fuel	Fueled फ्युअल्ड	Fueled फ्युअल्ड
98	परिपूर्ण करना	फुलफिल	Fulfil	Fulfilled फुलफिल्ड	Fulfilled फुलफिल्ड
99	क्रोध करना	फ्यूम	Fume	Fumed फ्यूम्ड	Fumed फ्यूम्ड
100	कार्य करना / चालू होना	फंक्शन	Function	Functioned फंक्शन्ड	Functioned फंक्शन्ड
101	चमक लाना	फर्बिश	Furbish	Furbished फर्बिश्ड	Furbished फर्बिश्ड
102	सजाना / फर्नीचर लगाना	फर्निश	Furnish	Furnished फर्निश्ड	Furnished फर्निश्ड

Sr. No.	Meaning	Pronounce	V1 (Base Form)	V2 (Simple past)	V3 (Past Participle)
	Verbs starts from Alphabate 'G'				
1	प्राप्त करना / बढ़ना	गेइन	Gain	Gained गेइन्ड	Gained गेइन्ड
2	कलई चढ़ाना	गेल्वेनाइज़	Galvanize	Galvanized गेल्वेनाइज़्ड	Galvanized गेल्वेनाइज़्ड
3	उत्तेजित करना	गेल्वेनाइज़	Galvanize	Galvanized गेल्वेनाइज़्ड	Galvanized गेल्वेनाइज़्ड
4	जुआ खेलना	गेम्बल	Gamble	Gambled गेम्बल्ड	Gambled गेम्बल्ड
5	कुल्ला करना	गार्गल	Gargle	Gargled गार्गल्ड	Gargled गार्गल्ड
6	एकत्र करना	गार्नर	Garner	Garnered गार्नर्ड	Garnered गार्नर्ड
7	खाने की चीज़ को सजाना	गार्निश	Garnish	Garnished गार्निश्ड	Garnished गार्निश्ड
8	हांफना	गास्प	Gasp	Gasped गास्प्ड	Gasped गास्प्ड
9	इक्कठा करना	गेधर	Gather	Gathered गेधर्ड	Gathered गेधर्ड
10	आम / सामान्य बनाना	जनरलाइज	Generalize	Generalized जनरलाइज़्ड	Generalized जनरलाइज़्ड
11	उत्पन्न करना	जनरेट	Generate	Generated जनरेटेड	Generated जनरेटेड
12	मिलना / प्राप्त करना	गेट	Get	Got गोट	Got / Gotten गोट / गोटन
13	भुत की तरह साया बनना	गोस्ट	Ghost	Ghosted गोस्टेड	Ghosted गोस्टेड
14	देना / सौंपना	गिव	Give	Gave गेव	Given गिवन
15	चमकना	ग्लिम	Gleam	Gleamed ग्लिम्ड	Gleamed ग्लिम्ड
16	बटोरना / बीनना	ग्लिन	Glean	Gleaned ग्लिन्ड	Gleaned ग्लिन्ड
17	झलक दिखाना	ग्लिम्प्स	Glimpse	Glimpsed ग्लिम्प्सड	Glimpsed ग्लिम्प्सड
18	जगमगाना	ग्लिटर	Glitter	Glittered ग्लिटर्ड	Glittered ग्लिटर्ड
19	विश्वव्यापी करना	ग्लोबलाइज	Globalize	Globalized ग्लोबलाइज़्ड	Globalized ग्लोबलाइज़्ड
20	बड़ाई करना / प्रशंसा करना	ग्लोरिफाइ	Glorify	Glorified ग्लोरिफाइड	Glorified ग्लोरिफाइड

Sr. No.	Meaning	Pronounce	V1 (Base Form)	V2 (Simple past)	V3 (Past Participle)
21	लाल होना / तपना	ग्लो	Glow	Glowed ग्लोड	Glowed ग्लोड
22	चमकना / प्रफुल्लित होना	ग्लो	Glow	Glowed ग्लोड	Glowed ग्लोड
23	चिपकाना / चिपके रहना	ग्लू	Glue	Glued ग्लूड	Glued ग्लूड
24	जाना	गो	Go	Went वेन्ट	Gone गोन
25	गपशप करना	गोसिप	Gossip	Gossiped गोसिप्ड	Gossiped गोसिप्ड
26	शासन / काबू में करना	गवर्न	Govern	Governed गवर्न्ड	Governed गवर्न्ड
27	झपटना / पकड़ना	ग्रेब	Grab	Grabbed ग्रेब्ड	Grabbed ग्रेब्ड
28	क्रमानुसार रखना	ग्रेड	Grade	Graded ग्रेडेड	Graded ग्रेडेड
29	डिग्री प्राप्त करना	ग्रेज्युएट	Graduate	Graduated ग्रेज्युएटेड	Graduated ग्रेज्युएटेड
30	मानना / देना	ग्रान्ट	Grant	Granted ग्रान्टेड	Granted ग्रान्टेड
31	दानेदार बनाना	ग्रेन्यूलेट	Granulate	Granulated ग्रेन्यूलेटेड	Granulated ग्रेन्यूलेटेड
32	कसकर पकड़ना / समज लेना	ग्रास्प	Grasp	Grasped ग्रास्प्ड	Grasped ग्रास्प्ड
33	प्रसन्न / संतुष्ट करना	ग्रेटीफाइ	Gratify	Gratified ग्रेटीफाइड	Gratified ग्रेटीफाइड
34	खींचना / आकर्षित होना	ग्रेविटेट	Gravitate	Gravitated ग्रेविटेटेड	Gravitated ग्रेविटेटेड
35	खरोंच लेना / चरना	ग्रेज़	Graze	Grazed ग्रेज़्ड	Grazed ग्रेज़्ड
36	स्वागत करना	ग्रीट	Greet	Greeted ग्रीटेड	Greeted ग्रीटेड
37	शोक करना / पीड़ा देना	ग्रीव	Grieve	Grieved ग्रीव्ड	Grieved ग्रीव्ड
38	ग्रिल के निचे पकाना	ग्रिल	Grill	Grilled ग्रिल्ड	Grilled ग्रिल्ड
39	पीसना / तेज करना	ग्राइंड	Grind	Ground ग्राउंड	Ground ग्राउंड
40	कसकर पकड़ना	ग्रिप	Grip	Gripped ग्रिप्ड	Gripped ग्रिप्ड
41	तैयार करना	ग्रूम	Groom	Groomed ग्रूम्ड	Groomed ग्रूम्ड
42	घोड़े की देखरेख करना	ग्रूम	Groom	Groomed ग्रूम्ड	Groomed ग्रूम्ड

Sr. No.	Meaning	Pronounce	V1 (Base form)	V2 (Simple past)	V3 (Past Participle)
43	सजा देना	ग्राउंड	Ground	Grounded ग्राउंडेड	Grounded ग्राउंडेड
44	वर्गीकरण करना	ग्रुप	Group	Grouped ग्रुप्ड	Grouped ग्रुप्ड
45	उगाना / बढ़ना / विकसित होना	ग्रो	Grow	Grew गृ	Grown ग्रोन
46	गारन्टी देना	गेरन्टी	Guarantee	Guaranteed गेरन्टीड	Guaranteed गेरन्टीड
47	रक्षा / पहरेदारी करना	गार्ड	Guard	Guarded गार्डेड	Guarded गार्डेड
48	अनुमान लगाना	गेस	Guess	Guessed गेस्ड	Guessed गेस्ड
49	मार्गदर्शन करना	गाइड	Guide	Guided गाइडेड	Guided गाइडेड
50	गटकना / बहुत खाना पीना	ग़ज़ल	Guzzle	Guzzled ग़ज़ल्ड	Guzzled ग़ज़ल्ड
51	गटकना / निगल जाना	गल्प	Gulp	Gulped गल्प्ड	Gulped गल्प्ड

Sr. No.	Meaning	Pronounce	V1 (Base form)	V2 (Simple past)	V3 (Past Participle)
	Verbs starts from Alphabate 'H'				
1	हैक करना / बेरहमी से काटना	हैक	Hack	Hacked हैक्ड	Hacked हैक्ड
2	ओला गिरना / जयजयकार करना	हेइल	Hail	Hailed हेइल्ड	Hailed हेइल्ड
3	भ्रांत / मतिभ्रम होना	हलुसिनेट	Hallucinate	Hallucinated हलुसिनेटेड	Hallucinated हलुसिनेटेड
4	रुकना / रोकना	होल्ट	Halt	Halted होल्टेड	Halted होल्टेड
5	आधा करना	हाव	Halve	Halved हाव्ड	Halved हाव्ड
6	हथौड़ा मारना / प्रहार करना	हैमर	Hammer	Hammered हैमर्ड	Hammered हैमर्ड
7	रूकावट / बाधा डालना	हेम्पर	Hamper	Hampered हेम्पर्ड	Hampered हेम्पर्ड
8	देना / पकड़ा देना	हेंड	Hand	Handed हेंडेड	Handed हेंडेड
9	हथकड़ी पहनाना	हैंडकफ	Handcuff	Handcuffed हैंडकफ्ड	Handcuffed हैंडकफ्ड
10	अड़चन डालना	हैंडीकैप	Handicap	Handicapped हैंडीकैप्ड	Handicapped हैंडीकैप्ड
11	संभालना / नियंत्रण करना	हेंडल	Handle	Handled हेंडल्ड	Handled हेंडल्ड
12	हाथ से छूना / पकड़ना	हेंडल	Handle	Handled हेंडल्ड	Handled हेंडल्ड
13	फांसी देना	हेंग	Hang	Hanged हेंग्ड	Hanged हेंग्ड
14	लटकाना / लटकना	हेंग	Hang	Hung हंग	Hung हंग
15	घटित होना	हेपन	Happen	Happened हेपन्ड	Happened हेपन्ड
16	बार बार आक्रमण करना	हरास	Harass	Harassed हरास्ड	Harassed हरास्ड
17	सख्त बनना / बनाना	हार्डन	Harden	Hardened हार्डन्ड	Hardened हार्डन्ड
18	हानि पहुँचाना	हार्म	Harm	Harmed हाम्र्ड	Harmed हाम्र्ड
19	मेल खाना / सुसंगत होना	हार्मोनाइज़	Harmonize	Harmonized हार्मोनाइज्ड	Harmonized हार्मोनाइज्ड
20	नियंत्रण करना / उपयोग करना	हार्नेस	Harness	Harnessed हार्नेस्ड	Harnessed हार्नेस्ड

Sr. No.	Meaning	Pronounce	V1 (Base Form)	V2 (Simple past)	V3 (Past Participle)
21	फसल काटना	हार्वेस्ट	Harvest	Harvested हार्वेस्टेड	Harvested हार्वेस्टेड
22	अंडे सेना / षड़यंत्र रचना	हेच	Hatch	Hatched हेच्ड	Hatched हेच्ड
23	घृणा / नफरत करना	हेट	Hate	Hated हेटेड	Hated हेटेड
24	बलपूर्वक खींचना	होल	Haul	Hauled होल्ड	Hauled होल्ड
25	पास होना	हेव	Have	Had हेड	Had हेड
26	नेतृत्व करना / की और जाना	हेड	Head	Headed हेडेड	Headed हेडेड
27	स्वस्थ करना / होना	हिल	Heal	Healed हिल्ड	Healed हिल्ड
28	सुनना / सुनाई देना	हिअर	Hear	Heard हर्ड	Heard हर्ड
29	गरम करना / होना	हिट	Heat	Heated हिटेड	Heated हिटेड
30	ऊंचा करना / बढ़ाना	हाइटन	Heighten	Heightened हाइटंड	Heightened हाइटंड
31	मदद करना	हेल्प	Help	Helped हेल्प्ड	Helped हेल्प्ड
32	हिचकिचाना	हेजिटेट	Hesitate	Hesitated हेजिटेटेड	Hesitated हेजिटेटेड
33	छिपना / छिपा देना	हाइड	Hide	Hid हिड	Hidden हिडन
34	रोकना / अड़चन डालना	हिन्डर	Hinder	Hindered हिन्डर्ड	Hindered हिन्डर्ड
35	किराये पर लेना / देना	हायर	Hire	Hired हायर्ड	Hired हायर्ड
36	नौकरी देना	हायर	Hire	Hired हायर्ड	Hired हायर्ड
37	फुफकारना	हिस	Hiss	Hissed हिस्ड	Hissed हिस्ड
38	मारना / प्रहार करना	हिट	Hit	Hit हिट	Hit हिट
39	फहराना / ऊंचा करना	होइस्ट	Hoist	Hoisted होइस्टेड	Hoisted होइस्टेड
40	पकड़ना	होल्ड	Hold	Held हेल्ड	Held हेल्ड
41	पैना करना / परिपूर्ण बनाना	होन	Hone	Honed होन्ड	Honed होन्ड
42	सम्मान देना / भुगतान करना	ओनर	Honor	Honored ओनर्ड	Honored ओनर्ड

Sr. No.	Meaning	Pronounce	V1 (Base Form)	V2 (Simple past)	V3 (Past Participle)
43	फ़साना / टांगना	हुक	Hook	Hooked हुक्ड	Hooked हुक्ड
44	एक पैर से कूदना	होप	Hop	Hopped होप्ड	Hopped होप्ड
45	आशा / उम्मीद करना	होप	Hope	Hoped होप्ड	Hoped होप्ड
46	भयभीत करना	होरिफाइ	Horrify	Horrified होरिफाइड	Horrified होरिफाइड
47	अस्पताल में दाखिल करना	होस्पिटलाइज़	Hospitalize	Hospitalized होस्पिटलाइज़्ड	Hospitalized होस्पिटलाइज़्ड
48	पीछा करना	हाउंड	Hound	Hounded हाउंडेड	Hounded हाउंडेड
49	मंडराना	होवर	Hover	Hovered होवर्ड	Hovered होवर्ड
50	विलाप करना	हाउल	Howl	Howled हाउल्ड	Howled हाउल्ड
51	गले लगाना / लगना	हग	Hug	Hugged हग्ड	Hugged हग्ड
52	गुनगुनाना	हम	Hum	Hummed हम्ड	Hummed हम्ड
53	अपमानित करना	ह्युमिलिएट	Humiliate	Humiliated ह्युमिलिएटेड	Humiliated ह्युमिलिएटेड
54	शिकार करना	हंट	Hunt	Hunted हंटेड	Hunted हंटेड
55	जल्दी करना	हरी	Hurry	Hurried हरीड	Hurried हरीड
56	दुःख देना / हानि पहुँचाना	हर्ट	Hurt	Hurt हर्ट	Hurt हर्ट
57	चुप करना / हो जाना	हश	Hush	Hushed हश्ड	Hushed हश्ड
58	सम्मोहित करना	हिप्नोटाइज़	Hypnotize	Hypnotized हिप्नोटाइज़्ड	Hypnotized हिप्नोटाइज़्ड

Sr. No.	Meaning	Pronounce	V1 (Base Form)	V2 (Simple past)	V3 (Past Participle)
	**Verbs starts from Alphabate 'I'**				
1	फेस पर लेप लगाना	आइस	Ice	Iced आइस्ड	Iced आइस्ड
2	आदर्श रूप में प्रकट करना	आइडिअलाइज़	Idealize	Idealized आइडिअलाइज़्ड	Idealized आइडिअलाइज़्ड
3	पहचानना	आइडेंटिफाइ	Identify	Identified आइडेंटिफाइड	Identified आइडेंटिफाइड
4	जलना / जलाना	इग्नाइट	Ignite	Ignited इग्नाइटेड	Ignited इग्नाइटेड
5	नजर अंदाज करना	इग्नोर	Ignore	Ignored इग्नोर्ड	Ignored इग्नोर्ड
6	दुर्व्यवहार करना	इलट्रीट	Illtreat	Illtreated इलट्रीटेड	Illtreated इलट्रीटेड
7	स्पष्ट करना	इलुमिनेट	Illuminate	Illuminated इलुमिनेटेड	Illuminated इलुमिनेटेड
8	रोशन करना / जगमगा देना	इलुमिनेट	Illuminate	Illuminated इलुमिनेटेड	Illuminated इलुमिनेटेड
9	उदाहरण के साथ समझाना	इलूस्ट्रेट	Illustrate	Illustrated इलूस्ट्रेटेड	Illustrated इलूस्ट्रेटेड
10	कल्पना करना	इमेजिन	Imagine	Imagined इमेजिंड	Imagined इमेजिंड
11	नक़ल / अनुकरण करना	इमीटेट	Imitate	Imitated इमीटेटेड	Imitated इमीटेटेड
12	डूबना / मिल जाना	इमर्ज	Immerge	Immerged इमर्ज्ड	Immerged इमर्ज्ड
13	परदेश में बसना	इमिग्रेट	Immigrate	Immigrated इमिग्रेटेड	Immigrated इमिग्रेटेड
14	गतिहीन करना / थमा देना	इमोबिलाइज़	Immobilize	Immobilized इमोबिलाइज़्ड	Immobilized इमोबिलाइज़्ड
15	प्रदान करना / देना	इम्पार्ट	Impart	Imparted इम्पार्टेड	Imparted इम्पार्टेड
16	रोपना / बैठा देना	इम्प्लान्ट	Implant	Implanted इम्प्लान्टेड	Implanted इम्प्लान्टेड
17	अमल में लाना	इम्प्लीमेंट	Implement	Implemented इम्प्लीमेंटेड	Implemented इम्प्लीमेंटेड
18	प्रार्थना / याचना करना	इम्प्लोर	Implore	Implored इम्प्लोर्ड	Implored इम्प्लोर्ड
19	संकेत देना / सूचित करना	इम्प्लाइ	Imply	Implied इम्प्लाइड	Implied इम्प्लाइड
20	आयात करना	इम्पोर्ट	Import	Imported इम्पोर्टेड	Imported इम्पोर्टेड

Sr. No.	Meaning	Pronounce	V1 (Base form)	V2 (Simple past)	V3 (Past Participle)
21	थोपना / लागु करना	इम्पोज़	Impose	Imposed इम्पोज़्ड	Imposed इम्पोज़्ड
22	गरीब / शक्तिहीन करना	इम्पोवरिश	Impoverish	Impoverished इम्पोवरिश्ड	Impoverished इम्पोवरिश्ड
23	आश्चर्य चकित करना	इम्प्रेस	Impress	Impressed इम्प्रेस्ड	Impressed इम्प्रेस्ड
24	कैद करना	इम्प्रिज़न	Imprison	Imprisoned इम्प्रिजंड	Imprisoned इम्प्रिजंड
25	सुधारना / सुधरना	इम्प्रूव	Improve	Improved इम्प्रूव्ड	Improved इम्प्रूव्ड
26	तत्काल तैयार करना	इम्प्रोवाइज	Improvise	Improvised इम्प्रोवाइज़्ड	Improvised इम्प्रोवाइज़्ड
27	इलज़ाम लगाना	इम्प्यूट	Impute	Imputed इम्प्यूटेड	Imputed इम्प्यूटेड
28	उद्घाटन करना	इनोग्युरेट	Inaugurate	Inaugurated इनोग्युरेटेड	Inaugurated इनोग्युरेटेड
29	जला कर भस्म करना	इन्सीनरेट	Incinerate	Incinerated इन्सीनरेटेड	Incinerated इन्सीनरेटेड
30	भड़काना / उकसाना	इनसाइट	Incite	Incited इनसाइटेड	Incited इनसाइटेड
31	झुकना / प्रवृत होना	इंक्लाइन	Incline	Inclined इंक्लाइन्ड	Inclined इंक्लाइन्ड
32	शामिल करना	इन्क्लूड	Include	Included इन्क्लूडेड	Included इन्क्लूडेड
33	शामिल करना	इन्कोपॉरेट	Incorporate	Incorporated इन्कोपॉरेटेड	Incorporated इन्कोपॉरेटेड
34	बढ़ना / बढ़ाना	इन्क्रीज	Increase	Increased इन्क्रीज़्ड	Increased इन्क्रीज़्ड
35	क्षतिपूर्ति करना	इन्डेम्निफ़ाइ	Indemnify	Indemnified इन्डेम्निफ़ाइड	Indemnified इन्डेम्निफ़ाइड
36	सूचित करना	इंडिकेट	Indicate	Indicated इंडिकेटेड	Indicated इंडिकेटेड
37	कारन होना / उत्पन्न करना	इंड्युस	Induce	Induced इंड्युस्ड	Induced इंड्युस्ड
38	प्रेरित करना	इंड्युस	Induce	Induced इंड्युस्ड	Induced इंड्युस्ड
39	औघोगीकरण करना	इन्डस्ट्रीअलाइज़	Industrialize	Industrialized इन्डस्ट्रीअलाइज़्ड	Industrialized इन्डस्ट्रीअलाइज़्ड
40	संक्रमित करना	इन्फेक्ट	Infect	Infected इन्फेक्टेड	Infected इन्फेक्टेड
41	अनुमान करना / निष्कर्ष करना	इन्फर	Infer	Inferred इन्फर्ड	Inferred इन्फर्ड
42	मे फैल जाना	इन्फेस्ट	Infest	Infested इन्फेस्टेड	Infested इन्फेस्टेड

Sr. No.	Meaning	Pronounce	V1 (Base form)	V2 (Simple past)	V3 (Past Participle)
43	घुसपैठ करना	इन्फिल्ट्रेट	Infiltrate	Infiltrated इन्फिल्ट्रेटेड	Infiltrated इन्फिल्ट्रेटेड
44	भड़काना / उकसाना	इन्फ्लेम	Inflame	Inflamed इन्फ्लेम्ड	Inflamed इन्फ्लेम्ड
45	सूजन होना	इन्फ्लेम	Inflame	Inflamed इन्फ्लेम्ड	Inflamed इन्फ्लेम्ड
46	हवा से फुलाना	इन्फ्लेट	Inflate	Inflated इन्फ्लेटेड	Inflated इन्फ्लेटेड
47	थोपना	इन्फ्लिक्ट	Inflict	Inflicted इन्फ्लिक्टेड	Inflicted इन्फ्लिक्टेड
48	प्रेरित करना / असर करना	इन्फ्लुएंस	Influence	Influenced इन्फ्लुएंस्ड	Influenced इन्फ्लुएंस्ड
49	सूचित करना	इन्फोर्म	Inform	Informed इन्फोर्म्ड	Informed इन्फोर्म्ड
50	क्रोधित करना	इन्फ्युरिएट	Infuriate	Infuriated इन्फ्युरिएटेड	Infuriated इन्फ्युरिएटेड
51	से भर देना / भिगोना	इन्फ्यूज़	Infuse	Infused इन्फ्यूज़्ड	Infused इन्फ्यूज़्ड
52	बसना / निवास करना	इन्हेबिट	Inhabit	Inhabited इन्हेबिटेड	Inhabited इन्हेबिटेड
53	साँस लेना / खींचना	इन्हेल	Inhale	Inhaled इन्हेल्ड	Inhaled इन्हेल्ड
54	विरासत में पाना	इन्हेरिट	Inherit	Inherited इन्हेरिटेड	Inherited इन्हेरिटेड
55	रोकना / बाधा डालना	इन्हिबिट	Inhibit	Inhibited इन्हिबिटेड	Inhibited इन्हिबिटेड
56	आरम्भ करना	इनिशिएट	Initiate	Initiated इनिशिएटेड	Initiated इनिशिएटेड
57	इंजेक्शन लगाना	इन्जेक्ट	Inject	Injected इन्जेक्टेड	Injected इन्जेक्टेड
58	के भीतर डालना	इन्जेक्ट	Inject	Injected इन्जेक्टेड	Injected इन्जेक्टेड
59	घायल करना	इन्जर	Injure	Injured इन्जर्ड	Injured इन्जर्ड
60	नई खोज करना	इनोवेट	Innovate	Innovated इनोवेटेड	Innovated इनोवेटेड
61	पूछताछ करना	इंक्वायर	Inquire	Inquired इंक्वायर्ड	Inquired इंक्वायर्ड
62	डालना / जोड़ना	इन्सर्ट	Insert	Inserted इन्सर्टेड	Inserted इन्सर्टेड
63	आग्रह करना	इन्सिस्ट	Insist	Insisted इन्सिस्टेड	Insisted इन्सिस्टेड
64	जांच करना	इन्स्पेक्ट	Inspect	Inspected इन्स्पेक्टेड	Inspected इन्स्पेक्टेड

Sr. No.	Meaning	Pronounce	V1 (Base form)	V2 (Simple past)	V3 (Past Participle)
65	प्रेरित करना	इन्स्पायर	Inspire	Inspired इन्स्पायर्ड	Inspired इन्स्पायर्ड
66	स्थापित करना	इन्स्टोल	Install	Installed इन्स्टोल्ड	Installed इन्स्टोल्ड
67	प्रारंभ करना	इन्स्टीगेट	Instigate	Instigated इन्स्टीगेटेड	Instigated इन्स्टीगेटेड
68	मन में बिठा देना	इन्स्टील	Instill	Instilled इन्स्टील्ड	Instilled इन्स्टील्ड
69	बताना / सूचित करना	इन्स्ट्रक्ट	Instruct	Instructed इन्स्ट्रक्टेड	Instructed इन्स्ट्रक्टेड
70	अलग करना	इन्स्युलेट	Insulate	Insulated इन्स्युलेटेड	Insulated इन्स्युलेटेड
71	अपमान करना	इन्सल्ट	Insult	Insulted इन्सल्टेड	Insulted इन्सल्टेड
72	एकीकरण करना	इन्टीग्रेट	Integrate	Integrated इन्टीग्रेटेड	Integrated इन्टीग्रेटेड
73	जोड़ना / संपूर्ण करना	इन्टीग्रेट	Integrate	Integrated इन्टीग्रेटेड	Integrated इन्टीग्रेटेड
74	इरादा करना	इन्टेन्ड	Intend	Intended इन्टेन्डेड	Intended इन्टेन्डेड
75	तीव्र करना / होना	इन्टेन्सीफाइ	Intensify	Intensified इन्टेन्सीफाइड	Intensified इन्टेन्सीफाइड
76	बातचीत करना	इन्टरेक्ट	Interact	Interacted इन्टरेक्टेड	Interacted इन्टरेक्टेड
77	परस्पर प्रभाव डालना	इन्टरेक्ट	Interact	Interacted इन्टरेक्टेड	Interacted इन्टरेक्टेड
78	बिच में रोकना	इन्टरसेप्ट	Intercept	Intercepted इन्टरसेप्टेड	Intercepted इन्टरसेप्टेड
79	जोड़ना / सम्बद्ध करना	इन्टरकनेक्ट	Interconnect	Interconnected इन्टरकनेक्टेड	Interconnected इन्टरकनेक्टेड
80	दिलचस्पी पैदा करना	इन्ट्रेस्ट	Interest	Interested इन्ट्रेस्टेड	Interested इन्ट्रेस्टेड
81	दखल देना	इन्टरफियर	Interfere	Interfered इन्टरफियर्ड	Interfered इन्टरफियर्ड
82	मिश्रण करना / होना	इन्टरमिन्गल	Intermingle	Intermingled इन्टरमिन्गल्ड	Intermingled इन्टरमिन्गल्ड
83	अर्थ / अनुवाद करना	इन्टप्रिट	Interpret	Interpreted इन्टप्रिटेड	Interpreted इन्टप्रिटेड
84	पूछताछ करना	इन्टेरोगेट	Interrogate	Interrogated इन्टेरोगेटेड	Interrogated इन्टेरोगेटेड
85	हस्तक्षेप करना	इन्टरप्ट	Interrupt	Interrupted इन्टरप्टेड	Interrupted इन्टरप्टेड
86	परस्पर काटना	इन्टरसेप्ट	Intersect	Intersected इन्टरसेप्टेड	Intersected इन्टरसेप्टेड

Sr. No.	Meaning	Pronounce	V1 (Base form)	V2 (Simple past)	V3 (Past Participle)
87	लपेटना / गुथना	इन्टट्वाइन	Intertwine	Intertwined इन्टट्वाइन्ड	Intertwined इन्टट्वाइन्ड
88	इंटरव्यू लेना	इन्टव्यू	Interview	Interviewed इन्टव्यूड	Interviewed इन्टव्यूड
89	बतलाना / इशारा करना	इन्टिमेट	Intimate	Intimated इन्टिमेटेड	Intimated इन्टिमेटेड
90	डराना / धमकाना	इन्टीमीडेट	Intimidate	Intimidated इन्टीमीडेटेड	Intimidated इन्टीमीडेटेड
91	नशे में लाना	इन्टोक्सिकेट	Intoxicate	Intoxicated इन्टोक्सिकेटेड	Intoxicated इन्टोक्सिकेटेड
92	कुतूहल उत्पन्न करना	इन्ट्रीग	Intrigue	Intrigued इन्ट्रीग्ड	Intrigued इन्ट्रीग्ड
93	प्रस्तुत करना / पहचान कराना	इंट्रोड्यूस	Introduce	Introduced इंट्रोड्यूस्ड	Introduced इंट्रोड्यूस्ड
94	घुस जाना	इन्ट्रूड	Intrude	Intruded इन्ट्रूडेड	Intruded इन्ट्रूडेड
95	आक्रमण करना / चढ़ाई करना	इन्वेड	Invade	Invaded इन्वेडेड	Invaded इन्वेडेड
96	आविष्कार करना	इन्वेन्ट	Invent	Invented इन्वेन्टेड	Invented इन्वेन्टेड
97	उल्टा करना / क्रम बदलना	इन्वर्ट	Invert	Inverted इन्वर्टेड	Inverted इन्वर्टेड
98	पूंजी लगाना / निवेश करना	इन्वेस्ट	Invest	Invested इन्वेस्टेड	Invested इन्वेस्टेड
99	जांच करना	इन्वेस्टीगेट	Investigate	Investigated इन्वेस्टीगेटेड	Investigated इन्वेस्टीगेटेड
100	जान डालना / स्फूर्तिमय करना	इन्विगोरेट	Invigorate	Invigorated इन्विगोरेटेड	Invigorated इन्विगोरेटेड
101	आमंत्रित करना	इन्वाइट	Invite	Invited इन्वाइटेड	Invited इन्वाइटेड
102	प्रार्थना करना	इन्वोक	Invoke	Invoked इन्वोक्ड	Invoked इन्वोक्ड
103	आवाहन करना	इन्वोक	Invoke	Invoked इन्वोक्ड	Invoked इन्वोक्ड
104	शामिल करना / होना	इन्वोल्व	Involve	Involved इन्वोल्व्ड	Involved इन्वोल्व्ड
105	इस्त्री करना	आयन	Iron	Ironed आयंड	Ironed आयंड
106	सिंचाई करना	इरिगेट	Irrigate	Irrigated इरिगेटेड	Irrigated इरिगेटेड
107	परेशान करना / चिढ़ाना	इरिटेट	Irritate	Irritated इरिटेटेड	Irritated इरिटेटेड
108	अलग कर देना	आइसोलेट	Isolate	Isolated आइसोलेटेड	Isolated आइसोलेटेड

Sr. No.	Meaning	Pronounce	V1 (Base Form)	V2 (Simple past)	V3 (Past Participle)
109	जारी करना	इस्यु	Issue	Issued इस्युड	Issued इस्युड
110	प्रचलित करना	इस्यु	Issue	Issued इस्युड	Issued इस्युड
111	खुजली होना	इच	Itch	Itched इच्ड	Itched इच्ड

Sr. No.	Meaning	Pronounce	V1 (Base form)	V2 (Simple past)	V3 (Past Participle)
	Verbs starts from Alphabate 'J'				
1	अचानक हिलना / हिलाना	जर्क	Jerk	Jerked जर्क्ड	Jerked जर्क्ड
2	झनझनाहट करना	जिंगल	Jingle	Jingled जिंगल्ड	Jingled जिंगल्ड
3	शामिल होना / जोड़ना	जोइन	Join	Joined जोइन्ड	Joined जोइन्ड
4	मजाक करना	जोक	Joke	Joked जोक्ड	Joked जोक्ड
5	झटका देना / खाना	जोल्ट	Jolt	Jolted जोल्टेड	Jolted जोल्टेड
6	जल्दी से लिखना	जोट	Jot	Jotted जोटेड	Jotted जोटेड
7	खुशी व्यक्त करना	जुबिलेट	Jubilate	Jubilated जुबिलेटेड	Jubilated जुबिलेटेड
8	राय बनाना / तय करना	जज	Judge	Judged जज्ड	Judged जज्ड
9	एक साथ संभालना	जगल	Juggle	Juggled जगल्ड	Juggled जगल्ड
10	रस निकालना	ज्यूस	Juice	Juiced ज्यूस्ड	Juiced ज्यूस्ड
11	कूदना / छलांग मारना	जम्प	Jump	Jumped जम्प्ड	Jumped जम्प्ड
12	उचित ठहराना	जस्टिफाइ	Justify	Justified जस्टिफाइड	Justified जस्टिफाइड
13	निकट रखना / तुलना करना	जुकस्टपोज़	Juxtapose	Juxtaposed जुकस्टपोज़्ड	Juxtaposed जुकस्टपोज़्ड
14	मजाक करना	जेस्ट	Jest	Jested जेस्टेड	Jested जेस्टेड

Sr. No.	Meaning	Pronounce	V1 (Base Form)	V2 (Simple past)	V3 (Past Participle)
Verbs starts from Alphabate 'K'					
1	रखना / बनाये रखना	किप	Keep	Kept केप्ट	Kept केप्ट
2	लात मारना	किक	Kick	Kicked किक्ड	Kicked किक्ड
3	अपहरण करना	किडनेप	Kidnap	Kidnapped किडनेप्ड	Kidnapped किडनेप्ड
4	मार डालना	किल	Kill	Killed किल्ड	Killed किल्ड
5	आग लगाना / उत्तेजित करना	किंडल	Kindle	Kindled किंडल्ड	Kindled किंडल्ड
6	चुम्बन करना	किस	Kiss	Kissed किस्ड	Kissed किस्ड
7	गूँधना	नीड	Knead	Kneaded नीडेड	Kneaded नीडेड
8	घुटने टेकना	नील	Kneel	Knelt/Kneeled नेल्ट / नील्ड	Knelt/Kneeled नेल्ट / नील्ड
9	बुनना	नीट	Knit	Knit/Knitted नीट / नीटेड	Knit/Knitted नीट / नीटेड
10	खटखटाना / परास्त करना	नोक	Knock	Knocked नोक्ड	Knocked नोक्ड
11	गाँठ बांधना	नोट	Knot	Knotted नोटेड	Knotted नोटेड
12	जानना / पता होना	नो	Know	Knew न्यू	Known नोन
13	ऊँगली के पोर से दबाना / घिसना	नकल	Knuckle	Knuckled नकल्ड	Knuckled नकल्ड

Sr. No.	Meaning	Pronounce	V1 (Base Form)	V2 (Simple past)	V3 (Past Participle)
	Verbs starts from Alphabate 'L'				
1	पता निशान लिखकर चिपकाना	लेबल	Label	Labelled लेबल्ड	Labelled लेबल्ड
2	फीता बांधना / फीते से बांधना	लेस	Lace	Laced लेस्ड	Laced लेस्ड
3	कमी / अभाव होना	लेक	Lack	Lacked लेक्ड	Lacked लेक्ड
4	पिछड़ जाना	लेग	Lag	Lagged लेग्ड	Lagged लेग्ड
5	परत चढ़ाना	लेमिनेट	Laminate	Laminated लेमिनेटेड	Laminated लेमिनेटेड
6	उतरना / उतारना	लेन्ड	Land	Landed लेन्डेड	Landed लेन्डेड
7	चपड़ चपड़ करना	लेप	Lap	Lapped लेप्ड	Lapped लेप्ड
8	पीना (जानवर / पक्षी)	लेप	Lap	Lapped लेप्ड	Lapped लेप्ड
9	चलना / बना रहना	लास्ट	Last	Lasted लास्टेड	Lasted लास्टेड
10	जोर से टकराना	लेश	Lash	Lashed लेश्ड	Lashed लेश्ड
11	कोड़े मारना / बांधना	लेश	Lash	Lashed लेश्ड	Lashed लेश्ड
12	झाग बनाना	लाधर	Lather	Lathered लाधर्ड	Lathered लाधर्ड
13	हसना	लाफ	Laugh	Laughed लाफ्ड	Laughed लाफ्ड
14	प्रक्षेपित / आरंभ करना	लोन्च	Launch	Launched लोन्च्ड	Launched लोन्च्ड
15	अंडा देना	ले	Lay	Laid लेइड	Laid लेइड
16	रखना / तैयार करना	ले	Lay	Laid लेइड	Laid लेइड
17	नेतृत्व करना	लीड	Lead	Led लेड	Led लेड
18	ले चलना / परिणाम होना	लीड	Lead	Led लेड	Led लेड
19	रहस्य प्रकट करना / टपकना	लीक	Leak	Leaked लीक्ड	Leaked लीक्ड
20	झुकना / टेक लगाना	लीन	Lean	Leaned लीन्ड	Leaned लीन्ड

Sr. No.	Meaning	Pronounce	V1 (Base form)	V2 (Simple past)	V3 (Past Participle)
21	छलांग मारना	लिप	Leap	Leaped लिप्ड	Leaped लिप्ड
22	सीखना / जानना / पढ़ना	लर्न	Learn	Learnt/Learned लर्न्ट / लर्न्ड	Learnt/Learned लर्न्ट / लर्न्ड
23	पट्टे (करार) पर देना / पाना	लीज़	Lease	Leased लीज़्ड	Leased लीज़्ड
24	छोड़ देना / रहने देना	लिव	Leave	Left लेफ्ट	Left लेफ्ट
25	भूल जाना / विदा होना	लिव	Leave	Left लेफ्ट	Left लेफ्ट
26	भाषण देना / डाटना	लेक्चर	Lecture	Lectured लेक्चर्ड	Lectured लेक्चर्ड
27	पढ़ाना / व्याख्यान देना	लेक्चर	Lecture	Lectured लेक्चर्ड	Lectured लेक्चर्ड
28	वैध बनाना	लीगलाइज़	Legalize	Legalized लीगलाइज़्ड	Legalized लीगलाइज़्ड
29	कानून बनाना	लेजिस्लेट	Legislate	Legislated लेजिस्लेटेड	Legislated लेजिस्लेटेड
30	क़ानूनी करना	लेजिटिमेट	Legitimate	Legitimated लेजिटिमेटेड	Legitimated लेजिटिमेटेड
31	उधार देना	लेन्ड	Lend	Lent लेन्ट	Lent लेन्ट
32	कम करना / घटाना	लेसन	Lessen	Lessened लेसंड	Lessened लेसंड
33	अनुमति देना	लेट	Let	Let लेट	Let लेट
34	समान / समतल करना	लेवल	Level	Levelled लेवल्ड	Levelled लेवल्ड
35	हवा में उठना	लेविटेट	Levitate	Levitated लेविटेटेड	Levitated लेविटेटेड
36	कर लगाना / वसूल करना	लेवी	Levy	Levied लेवीड	Levied लेवीड
37	प्रतिबंध घटाना / मुक्त करना	लिब्रलाइज़	Liberalize	Liberalized लिब्रलाइज़्ड	Liberalized लिब्रलाइज़्ड
38	स्वतंत्र करना	लिबरेट	Liberate	Liberated लिबरेटेड	Liberated लिबरेटेड
39	चाटना	लिक	Lick	Licked लिक्ड	Licked लिक्ड
40	जुठ बोलना	लाइ	Lie	Lied लाइड	Lied लाइड
41	लेटना / सोना	लाइ	Lie	Lay ले	Lain लेइन
42	में होना / मिलना	लाइ	Lie	Lay ले	Lain लेइन

Sr. No.	Meaning	Pronounce	V1 (Base Form)	V2 (Simple past)	V3 (Past Participle)
43	उठाना	लिफ्ट	Lift	Lifted लिफ्टेड	Lifted लिफ्टेड
44	जलना / जलाना	लाइट	Light	Lit लिट्	Lit लिट्
45	प्रकाशित करना	लाइट	Light	Lit लिट्	Lit लिट्
46	हल्का करना / होना	लाइटन	Lighten	Lightened लाइटंड	Lightened लाइटंड
47	प्रकाशित करना / होना	लाइटन	Lighten	Lightened लाइटंड	Lightened लाइटंड
48	पसंद करना / चाहना	लाइक	Like	Liked लाइक्ड	Liked लाइक्ड
49	चुना डालना / लगाना	लाइम	Lime	Limed लाइम्ड	Limed लाइम्ड
50	सिमित करना	लिमिट	Limit	Limited लिमिटेड	Limited लिमिटेड
51	लाइन लगाना / खींचना	लाइन	Line	Lined लाइन्ड	Lined लाइन्ड
52	अस्तर लगाना	लाइन	Line	Lined लाइन्ड	Lined लाइन्ड
53	जोड़ना / मिलाना	लिंक	Link	Linked लिंक्ड	Linked लिंक्ड
54	बंद / समाप्त करना	लिक्विडेट	Liquidate	Liquidated लिक्विडेटेड	Liquidated लिक्विडेटेड
55	सूचि बनाना	लिस्ट	List	Listed लिस्टेड	Listed लिस्टेड
56	सुनना	लिसन	Listen	Listened लिसन्ड	Listened लिसन्ड
57	अदालत में लड़ना	लिटीगेट	Litigate	Litigated लिटीगेटेड	Litigated लिटीगेटेड
58	जीना / बसना / रहना	लिव	Live	Lived लिव्ड	Lived लिव्ड
59	बोझ लादना / गोली भरना	लोड	Load	Loaded लोडेड	Loaded लोडेड
60	नफरत करना	लोध	Loathe	Loathed लोध्ड	Loathed लोध्ड
61	स्थानीय बनाना	लोकलाइज	Localize	Localized लोकलाइज्ड	Localized लोकलाइज्ड
62	स्थान निर्दिष्ट करना / पता ढूँढना	लोकेट	Locate	Located लोकेटेड	Located लोकेटेड
63	ताला देना	लोक	Lock	Locked लोक्ड	Locked लोक्ड
64	घर या कमरा देना / ठहरना	लोज	Lodge	Lodged लोज्ड	Lodged लोज्ड

Sr. No.	Meaning	Pronounce	V1 (Base form)	V2 (Simple past)	V3 (Past Participle)
65	लिखित रिकॉर्ड रखना	लोग	Log	Logged लोग्ड	Logged लोग्ड
66	मटरगश्ती करना	लोइटर	Loiter	Loitered लोइटर्ड	Loitered लोइटर्ड
67	बड़ी लालसा करना	लोंग	Long	Longed लोंग्ड	Longed लोंग्ड
68	दिखना / खोजना / देखना	लुक	Look	Looked लुक्ड	Looked लुक्ड
69	हारना / खोना / गवाना	लूज	Lose	Lost लोस्ट	Lost लोस्ट
70	प्यार करना / चाहना	लव	Love	Loved लव्ड	Loved लव्ड
71	कम करना / निचा करना	लोअर	Lower	Lowered लोअर्ड	Lowered लोअर्ड
72	चिकना करना	लुब्रिकेट	Lubricate	Lubricated लुब्रिकेटेड	Lubricated लुब्रिकेटेड
73	शांत करना / सुलाना	लल	Lull	Lulled लल्ड	Lulled लल्ड
74	दोपहर का भोजन करना	लंच	Lunch	Lunched लंच्ड	Lunched लंच्ड
75	लालच देना	ल्योर	Lure	Lured ल्योर्ड	Lured ल्योर्ड
76	काम भोग की इच्छा करना	लस्ट	Lust	Lusted लस्टेड	Lusted लस्टेड
77	बकायदा मार डालना	लिंच	Lynch	Lynched लिंच्ड	Lynched लिंच्ड

Sr. No.	Meaning	Pronounce	V1 (Base form)	V2 (Simple past)	V3 (Past Participle)
			Verbs starts from Alphabate 'M'		
1	आकर्षित करना	मेग्नेटाइज़	Magnetize	Magnetized मेग्नेटाइज़्ड	Magnetized मेग्नेटाइज़्ड
2	बड़ा करना / बढ़ाचढ़ाकर कहना	मेग्नीफाइ	Magnify	Magnified मेग्नीफाइड	Magnified मेग्नीफाइड
3	बनाये रखना / भरण पोषण करना	मेइन्टेइन	Maintain	Maintained मेइन्टेइन्ड	Maintained मेइन्टेइन्ड
4	बनाना / निर्माण करना	मेक	Make	Made मेड	Made मेड
5	संभालना / प्रबंध करना	मेनेज	Manage	Managed मेनेज्ड	Managed मेनेज्ड
6	हेरफेर करना / नियंत्रित करना	मनिप्युलेट	Manipulate	Manipulated मनिप्युलेटेड	Manipulated मनिप्युलेटेड
7	निर्माण करना / बनाना	मैन्युफेक्चर	Manufacture	Manufactured मैन्युफेक्चर्ड	Manufactured मैन्युफेक्चर्ड
8	नमकीन / अचार बनाना	मेरिनेट	Marinate	Marinated मेरिनेटेड	Marinated मेरिनेटेड
9	निशान करना	मार्क	Mark	Marked मार्क्ड	Marked मार्क्ड
10	अवसर मनाना	मार्क	Mark	Marked मार्क्ड	Marked मार्क्ड
11	शादी करना	मेरी	Marry	Married मेरीड	Married मेरीड
12	शहीद करना	माटर	Martyr	Martyred माटर्ड	Martyred माटर्ड
13	कुचलना / मसलना	मैश	Mash	Mashed मैश्ड	Mashed मैश्ड
14	नकाब पहनना / छिपाना	मास्क	Mask	Masked मास्क्ड	Masked मास्क्ड
15	बड़ी संख्या में हत्या करना	मैसकर	Massacre	Massacred मैसकर्ड	Massacred मैसकर्ड
16	प्रभुत्व पाना / काबू करना	मास्टर	Master	Mastered मास्टर्ड	Mastered मास्टर्ड
17	मेल खाना / बराबर करना	मैच	Match	Matched मैच्ड	Matched मैच्ड
18	अहमियत होना	मैटर	Matter	Mattered मैटर्ड	Mattered मैटर्ड
19	पकना / परिपक्व बनना	मैच्योर	Mature	Matured मैच्योर्ड	Matured मैच्योर्ड
20	व्यक्त करना / इरादा रखना	मीन	Mean	Meant मेन्ट	Meant मेन्ट

Sr. No.	Meaning	Pronounce	V1 (Base form)	V2 (Simple past)	V3 (Past Participle)
21	मतलब होना / तात्पर्य होना	मीन	Mean	Meant मेन्ट	Meant मेन्ट
22	मायने रखना	मीन	Mean	Meant मेन्ट	Meant मेन्ट
23	मापना / नापना	मेशर	Measure	Measured मेशर्ड	Measured मेशर्ड
24	दखल देना	मेडल	Meddle	Meddled मेडल्ड	Meddled मेडल्ड
25	औषधि देना / इलाज करना	मेडिकेट	Medicate	Medicated मेडिकेटेड	Medicated मेडिकेटेड
26	ध्यान करना	मेडिटेट	Meditate	Meditated मेडिटेटेड	Meditated मेडिटेटेड
27	मिलना	मीट	Meet	Met मेट	Met मेट
28	पिघलना / पिघलाना	मेल्ट	Melt	Melted मेल्टेड	Melted मेल्टेड
29	याद करना	मेमराइज़	Memorize	Memorized मेमराइज्ड	Memorized मेमराइज्ड
30	मरम्मत करना / सुधारना	मेन्ड	Mend	Mended मेन्डेड	Mended मेन्डेड
31	जिक्र / उल्लेख करना	मेन्शन	Mention	Mentioned मेन्शन्ड	Mentioned मेन्शन्ड
32	विलय करना / मिला देना	मर्ज	Merge	Merged मर्ज्ड	Merged मर्ज्ड
33	गन्दा करना / गड़बड़ करना	मेस	Mess	Messed मेस्ड	Messed मेस्ड
34	म्याऊ करना	म्यू	Mew	Mewed म्यूड	Mewed म्यूड
35	स्थानांतरण करना	माइग्रेट	Migrate	Migrated माइग्रेटेड	Migrated माइग्रेटेड
36	दूध दुहना	मिल्क	Milk	Milked मिल्क्ड	Milked मिल्क्ड
37	खान खोदना	माइन	Mine	Mined माइन्ड	Mined माइन्ड
38	सुरंग बनाना	माइन	Mine	Mined माइन्ड	Mined माइन्ड
39	कम / छोटा करना	मिनिमाइज़	Minimize	Minimized मिनिमाइज्ड	Minimized मिनिमाइज्ड
40	सिक्का ढालना	मिन्ट	Mint	Minted मिन्टेड	Minted मिन्टेड
41	प्रतिबिंबित करना	मिरर	Mirror	Mirrored मिरर्ड	Mirrored मिरर्ड
42	गर्भपात होना	मिस्कैरी	Miscarry	Miscarried मिस्कैरीड	Miscarried मिस्कैरीड

Sr. No.	Meaning	Pronounce	V1 (Base Form)	V2 (Simple past)	V3 (Past Participle)
43	गुमराह करना	मिसडिरेक्ट	Misdirect	Misdirected मिसडिरेक्टेड	Misdirected मिसडिरेक्टेड
44	गलत अर्थ लगाना	मिसइन्टप्रीट	Misinterpret	Misinterpreted मिसइन्टप्रीटेड	Misinterpreted मिसइन्टप्रीटेड
45	गलत अनुमान लगाना	मिस्जज	Misjudge	Misjudged मिस्जज्ड	Misjudged मिस्जज्ड
46	गलत मार्ग दिखाना	मिसलीड	Mislead	Misled मिसलेड	Misled मिसलेड
47	खोना / गलत जगह पर रखना	मिसप्लेस	Misplace	Misplaced मिसप्लेस्ड	Misplaced मिसप्लेस्ड
48	चूकना / कमी महसूस करना	मिस	Miss	Missed मिस्ड	Missed मिस्ड
49	गलती करना	मिस्टेक	Mistake	Mistook मिस्टूक	Mistaken मिस्टेकन
50	दुर्व्यवहार करना	मिस्ट्रीट	Mistreat	Mistreated मिस्ट्रीटेड	Mistreated मिस्ट्रीटेड
51	अविश्वास करना	मिसट्रस्ट	Mistrust	Mistrusted मिसट्रस्टेड	Mistrusted मिसट्रस्टेड
52	दुरुपयोग करना	मिसयूज़	Misuse	Misused मिसयूज़्ड	Misused मिसयूज़्ड
53	कम करना / हल्का करना	मिटिगेट	Mitigate	Mitigated मिटिगेटेड	Mitigated मिटिगेटेड
54	मिश्रण करना / जोड़ना	मिक्स	Mix	Mixed मिक्स्ड	Mixed मिक्स्ड
55	भीड़ लगाना	मोब	Mob	Mobbed मोब्ड	Mobbed मोब्ड
56	युद्ध की तैयारी करना	मोबिलाइज	Mobilize	Mobilized मोबिलाइज़्ड	Mobilized मोबिलाइज़्ड
57	संगठित करना	मोबिलाइज	Mobilize	Mobilized मोबिलाइज़्ड	Mobilized मोबिलाइज़्ड
58	हाँसी उड़ाना / मुँह बनाना	मोक	Mock	Mocked मोक्ड	Mocked मोक्ड
59	मध्यम करना	मोडरेट	Moderate	Moderated मोडरेटेड	Moderated मोडरेटेड
60	घटाना / कम करना	मोडरेट	Moderate	Moderated मोडरेटेड	Moderated मोडरेटेड
61	आधुनिक बनाना	मोडनाइज़	Modernize	Modernized मोडनाइज़्ड	Modernized मोडनाइज़्ड
62	बदलाव लाया जाना	मोडिफाइ	Modify	Modified मोडिफाइड	Modified मोडिफाइड
63	गिला / नम करना	मोइसन	Moisten	Moistened मोइसंड	Moistened मोइसंड
64	पोछना / झाड़ू देना	मोप	Mop	Mopped मोप्ड	Mopped मोप्ड

Sr. No.	Meaning	Pronounce	V1 (Base form)	V2 (Simple past)	V3 (Past Participle)
65	नैतिक शिक्षा देना	मोरलाइज़	Moralize	Moralized मोरलाइज़्ड	Moralized मोरलाइज़्ड
66	आयोजित करना / सवार होना	माउन्ट	Mount	Mounted माउन्टेड	Mounted माउन्टेड
67	बढ़ना / मढ़ना	माउन्ट	Mount	Mounted माउन्टेड	Mounted माउन्टेड
68	शोक मनाना / विलाप करना	मोर्न	Mourn	Mourned मोर्न्ड	Mourned मोर्न्ड
69	खिसकना / खिसकाना	मूव	Move	Moved मूव्ड	Moved मूव्ड
70	द्रवित / भावुक करना	मूव	Move	Moved मूव्ड	Moved मूव्ड
71	अस्तव्यस्त / गड़बड़ करना	मडल	Muddle	Muddled मडलड	Muddled मडलड
72	गुणा करना	मल्टीप्लाइ	Multiply	Multiplied मल्टीप्लाइड	Multiplied मल्टीप्लाइड
73	बढ़ना / बढ़ाना	मल्टीप्लाइ	Multiply	Multiplied मल्टीप्लाइड	Multiplied मल्टीप्लाइड
74	बड़बड़ाना	मम्बल	Mumble	Mumbled मम्बलड	Mumbled मम्बलड
75	चपर चपर खाना	मंच	Munch	Munched मंच्ड	Munched मंच्ड
76	खून करना	मर्डर	Murder	Murdered मर्डर्ड	Murdered मर्डर्ड
77	बड़बड़ाना	मर्मर	Murmur	Murmured मर्मर्ड	Murmured मर्मर्ड
78	विद्रोह करना	म्युटनी	Mutiny	Mutinied म्युटनीड	Mutinied म्युटनीड

Sr. No.	Meaning	Pronounce	V1 (Base Form)	V2 (Simple past)	V3 (Past Participle)
	Verbs starts from Alphabate 'N'				
1	सताना / तंग करना	नेग	Nag	Nagged नेग्ड	Nagged नेग्ड
2	पकड़ना / कील लगाना	नेइल	Nail	Nailed नेइल्ड	Nailed नेइल्ड
3	आसानी से सफलता पाना	नेइल	Nail	Nailed नेइल्ड	Nailed नेइल्ड
4	नाम रखना / देना	नेम	Name	Named नेम्ड	Named नेम्ड
5	वर्णन करना	नेरेट	Narrate	Narrated नेरेटेड	Narrated नेरेटेड
6	सिकुड़ना / सिकोड़ना	नेरो	Narrow	Narrowed नेरोड	Narrowed नेरोड
7	राष्ट्रीय बनाना	नेशनलाइज़	Nationalize	Nationalized नेशनलाइज़्ड	Nationalized नेशनलाइज़्ड
8	मार्गनिर्देशन करना	नेविगेट	Navigate	Navigated नेविगेटेड	Navigated नेविगेटेड
9	अनिवार्य बना देना	नसेसीटेट	Necessitate	Necessitated नसेसीटेटेड	Necessitated नसेसीटेटेड
10	जरुरत होना	नीड	Need	Needed नीडेड	Needed नीडेड
11	उपेक्षा / अवज्ञा करना	नेग्लेक्ट	Neglect	Neglected नेग्लेक्टेड	Neglected नेग्लेक्टेड
12	सौदा करना / पार करना	नेगोशिएट	Negotiate	Negotiated नेगोशिएटेड	Negotiated नेगोशिएटेड
13	हिनहिनाना	ने	Neigh	Neighed नेग्ड	Neighed नेग्ड
14	घोंसला बनाना	नेस्ट	Nest	Nested नेस्टेड	Nested नेस्टेड
15	आराम से ठिकाना करना	नेसल	Nestle	Nestled नेसल्ड	Nestled नेसल्ड
16	सुरक्षित स्थिति में होना	नेसल	Nestle	Nestled नेसल्ड	Nestled नेसल्ड
17	तटस्थ बनाना	न्यूट्रलाइज	Neutralize	Neutralized न्यूट्रलाइज़्ड	Neutralized न्यूट्रलाइज़्ड
18	निष्प्रभावित करना	न्यूट्रलाइज	Neutralize	Neutralized न्यूट्रलाइज़्ड	Neutralized न्यूट्रलाइज़्ड
19	उपनाम रखना	निकनेम	Nickname	Nicknamed निकनेम्ड	Nicknamed निकनेम्ड
20	सिर हिलना	नोड	Nod	Nodded नोडेड	Nodded नोडेड
21	नाम नियुक्त करना	नोमिनेट	Nominate	Nominated नोमिनेटेड	Nominated नोमिनेटेड

Sr. No.	Meaning	Pronounce	V1 (Base form)	V2 (Simple past)	V3 (Past Participle)
22	सामान्य बनाना	नोर्मलाइज़	Normalize	Normalized नोर्मलाइज़्ड	Normalized नोर्मलाइज़्ड
23	ध्यान देना / लिख लेना	नोट	Note	Noted नोटेड	Noted नोटेड
24	देखना / ध्यान देना	नोटिस	Notice	Noticed नोटिस्ड	Noticed नोटिस्ड
25	खबर देना / सुचित करना	नोटिफाइ	Notify	Notified नोटिफाइड	Notified नोटिफाइड
26	पोषण करना / विकसित करना	नरिश	Nourish	Nourished नरिश्ड	Nourished नरिश्ड
27	सुन्न कर देना	नम	Numb	Numbed नम्ड	Numbed नम्ड
28	अंक लगाना / नंबर डालना	नंबर	Number	Numbered नंबर्ड	Numbered नंबर्ड
29	उपचार करना / दूध पिलाना	नर्स	Nurse	Nursed नर्स्ड	Nursed नर्स्ड

Sr. No.	Meaning	Pronounce	V1 (Base Form)	V2 (Simple past)	V3 (Past Participle)
Verbs starts from Alphabate 'O'					
1	आज्ञापालन करना	ओबे	Obey	Obeyed ओबेय्ड	Obeyed ओबेय्ड
2	विरोध करना	ओब्जेक्ट	Object	Objected ओब्जेक्टेड	Objected ओब्जेक्टेड
3	बाध्य करना	ओब्लिगेट	Obligate	Obligated ओब्लिगेटेड	Obligated ओब्लिगेटेड
4	बाध्य करना / सहायता देना	ओब्लाइज़	Oblige	Obliged ओब्लाइज़्ड	Obliged ओब्लाइज़्ड
5	मिटा देना / विरूपित करना	ओब्लिटरेट	Obliterate	Obliterated ओब्लिटरेटेड	Obliterated ओब्लिटरेटेड
6	अँधेरा / अस्पष्ट करना	ओबस्कर	Obscure	Obscured ओबस्कर्ड	Obscured ओबस्कर्ड
7	ध्यान से देखना / कहना	ओब्ज़र्व	Observe	Observed ओब्ज़र्व्ड	Observed ओब्ज़र्व्ड
8	मन में घर कर लेना	ओब्सेस	Obsess	Obsessed ओब्सेस्ड	Obsessed ओब्सेस्ड
9	रोकना / बाधा डालना	ओब्स्ट्रक्ट	Obstruct	Obstructed ओब्स्ट्रक्टेड	Obstructed ओब्स्ट्रक्टेड
10	प्राप्त करना	ओब्टेइन	Obtain	Obtained ओब्टेइन्ड	Obtained ओब्टेइन्ड
11	कब्ज़ा करना	ओक्युपाइ	Occupy	Occupied ओक्युपाइड	Occupied ओक्युपाइड
12	व्यस्त रखना / जगह घेरना	ओक्युपाइ	Occupy	Occupied ओक्युपाइड	Occupied ओक्युपाइड
13	होना / घटित होना	अकर	Occur	Occurred अकर्ड	Occurred अकर्ड
14	नाराज करना / ठेस पहुँचाना	ओफेन्ड	Offend	Offended ओफेन्डेड	Offended ओफेन्डेड
15	अपराध करना	ओफेन्ड	Offend	Offended ओफेन्डेड	Offended ओफेन्डेड
16	प्रस्ताव रखना / अवसर देना	ओफर	Offer	Offered ओफर्ड	Offered ओफर्ड
17	देना / प्रदान करना	ओफर	Offer	Offered ओफर्ड	Offered ओफर्ड
18	तेल लगाना	ओइल	Oil	Oiled ओइल्ड	Oiled ओइल्ड
19	छोड़ना / हटाना	ओमिट	Omit	Omitted ओमिटेड	Omitted ओमिटेड
20	खोलना / शुरू करना	ओपन	Open	Opened ओपन्ड	Opened ओपन्ड

Sr. No.	Meaning	Pronounce	V1 (Base Form)	V2 (Simple past)	V3 (Past Participle)
21	ओपरेशन करना / कार्य करना	ओपरेट	Operate	Operated ओपरेटेड	Operated ओपरेटेड
22	विरोध / सामना करना	अपोज	Oppose	Opposed अपोज्ड	Opposed अपोज्ड
23	पसंद करना	ओप्ट	Opt	Opted ओप्टेड	Opted ओप्टेड
24	श्रेष्ठ बनाना	ओप्टिमाइज़	Optimize	Optimized ओप्टिमाइज़्ड	Optimized ओप्टिमाइज़्ड
25	परिक्रमा करना	ओर्बिट	Orbit	Orbited ओर्बिटेड	Orbited ओर्बिटेड
26	योजना बनाना	ओकस्ट्रेट	Orchestrate	Orchestrated ओकस्ट्रेटेड	Orchestrated ओकस्ट्रेटेड
27	हुक्म देना / नियुक्त करना	ओर्डेन	Ordain	Ordained ओर्डेन्ड	Ordained ओर्डेन्ड
28	आदेश देना	ओडर	Order	Ordered ओडर्ड	Ordered ओडर्ड
29	प्रबंध करना / आयोजित करना	ओर्गनाइज़	Organize	Organized ओर्गनाइज़्ड	Organized ओर्गनाइज़्ड
30	अनुकूल बनाना	ओरिएन्ट	Orient	Oriented ओरिएन्टेड	Oriented ओरिएन्टेड
31	आरम्भ होना / करना	ओरिजिनेट	Originate	Originated ओरिजिनेटेड	Originated ओरिजिनेटेड
32	उत्पन्न होना / करना	ओरिजिनेट	Originate	Originated ओरिजिनेटेड	Originated ओरिजिनेटेड
33	डोलना / आगेपीछे होना	ओसिलेट	Oscillate	Oscillated ओसिलेटेड	Oscillated ओसिलेटेड
34	से अधिक बढ़ जाना	आउटग्रो	Outgrow	Outgrew आउटग्रु	Outgrown आउटग्रोन
35	अधिक चलना	आउटलास्ट	Outlast	Outlasted आउटलास्टेड	Outlasted आउटलास्टेड
36	रुपरेखा लगाना / सारांश कहना	आउटलाइन	Outline	Outlined आउटलाइन्ड	Outlined आउटलाइन्ड
37	संख्या में बढ़ जाना	आउटनंबर	Outnumber	Outnumbered आउटनंबर्ड	Outnumbered आउटनंबर्ड
38	से श्रेष्ठ / चमकदार होना	आउटशाइन	Outshine	Outshone आउटशोन	Outshone आउटशोन
39	चालाकी से मात देना	आउटस्मार्ट	Outsmart	Outsmarted आउटस्मार्टेड	Outsmarted आउटस्मार्टेड
40	बाहरी ठेका देना	आउटसोर्स	Outsource	Outsourced आउटसोर्स्ड	Outsourced आउटसोर्स्ड
41	अत्युक्ति करना	ओवरेक्ट	Overact	Overacted ओवरेक्टेड	Overacted ओवरेक्टेड
42	अधिक बोझ डालना	ओवबर्डन	Overburden	Overburdened ओवबर्डन्ड	Overburdened ओवबर्डन्ड

Sr. No.	Meaning	Pronounce	V1 (Base Form)	V2 (Simple past)	V3 (Past Participle)
43	आकाश बदलो से घिर जाना	ओवकास्ट	Overcast	Overcast ओवकास्ट	Overcast ओवकास्ट
44	आकाश बादलो से छा जाना	ओवक्लाउड	Overcloud	Overclouded ओवक्लाउडेड	Overclouded ओवक्लाउडेड
45	अँधेरा कर देना	ओवक्लाउड	Overcloud	Overclouded ओवक्लाउडेड	Overclouded ओवक्लाउडेड
46	काबू पाना / जितना	ओवकम	Overcome	Overcame ओवकेम	Overcome ओवकम
47	अधिक पकाना	ओवकुक	Overcook	Overcooked ओवकुक्ड	Overcooked ओवकुक्ड
48	अधिक करना	ओवडू	Overdo	Overdid ओवडिड	Overdone ओवडन
49	अधिमूल्यांकन करना	ओवरेस्टीमेट	Overestimate	Overestimated ओवरेस्टीमेटेड	Overestimated ओवरेस्टीमेटेड
50	ज्यादा उत्साहित होना	ओवरएक्साइट	Overexcite	Overexcited ओवरएक्साइटेड	Overexcited ओवरएक्साइटेड
51	ज्यादा खाना देना	ओवफीड	Overfeed	Overfed ओवफेड	Overfed ओवफेड
52	बह निकलना / उमड़ आना	ओवफ्लो	Overflow	Overflowed ओवफ्लोड	Overflowed ओवफ्लोड
53	बहुत गर्म करना	ओवहिट	Overheat	Overheated ओवहिटेड	Overheated ओवहिटेड
54	ढकना / एक ही समय पे होना	ओवलेप	Overlap	Overlapped ओवलेप्ड	Overlapped ओवलेप्ड
55	बहुत भार डालना	ओवलोड	Overload	Overloaded ओवलोडेड	Overloaded ओवलोडेड
56	बहुत लादना	ओवलोड	Overload	Overloaded ओवलोडेड	Overloaded ओवलोडेड
57	पराजित करना / दबा देना	ओवपावर	Overpower	Overpowered ओवपावर्ड	Overpowered ओवपावर्ड
58	अधिमूल्यांकन करना	ओवरेट	Overrate	Overrated ओवरेटेड	Overrated ओवरेटेड
59	अस्वीकार / रद करना	ओवराइड	Override	Overrode ओवरोड	Overridden ओवरिडन
60	अपने नियंत्रण में लाना	ओवराइड	Override	Overrode ओवरोड	Overridden ओवरिडन
61	में फैल जाना	ओवरन	Overrun	Overran ओवरेन	Overrun ओवरन
62	से अधिक दौड़ना	ओवरन	Overrun	Overran ओवरेन	Overrun ओवरन
63	आगे निकल जाना	ओवटेक	Overtake	Overtook ओवटूक	Overtaken ओवटेकन
64	उलट देना	ओवटर्न	Overturn	Overturned ओवटर्न्ड	Overturned ओवटर्न्ड

Sr. No.	Meaning	Pronounce	V1 (Base Form)	V2 (Simple past)	V3 (Past Participle)
65	अधिक महत्व देना	ओववेल्यू	Overvalue	Overvalued ओववेल्यूड	Overvalued ओववेल्यूड
66	हराना / डुबाना	ओववेल्म	Overwhelm	Overwhelmed ओववेल्म्ड	Overwhelmed ओववेल्म्ड
67	अभिभूत करना	ओववेल्म	Overwhelm	Overwhelmed ओववेल्म्ड	Overwhelmed ओववेल्म्ड
68	ज्यादा मेहनत करना	ओववर्क	Overwork	Overworked ओववर्क्ड	Overworked ओववर्क्ड
69	देनदार / आभारी होना	ओ	Owe	Owed ओड	Owed ओड
70	मालिक होना	ओन	Own	Owned ओन्ड	Owned ओन्ड
71	ओक्सीज़न भरना	ओक्सिज़नेट	Oxygenate	Oxygenated ओक्सिज़नेटेड	Oxygenated ओक्सिज़नेटेड

Sr. No.	Meaning	Pronounce	V1 (Base form)	V2 (Simple past)	V3 (Past Participle)
	Verbs starts from Alphabate 'P'				
1	धीरे धीरे चलना / गति ठीक करना	पेस	Pace	Paced पेस्ड	Paced पेस्ड
2	सामान बांधना / भरा होना	पेक	Pack	Packed पेक्ड	Packed पेक्ड
3	आहिस्ता चलना	पेड	Pad	Padded पेडेड	Padded पेडेड
4	ताला लगाना	पैडलोक	Padlock	Padlocked पैडलोक्ड	Padlocked पैडलोक्ड
5	चुकाना / अदा करना	पे	Pay	Paid पेड	Paid पेड
6	रंगना	पेइन्ट	Paint	Painted पेइन्टेड	Painted पेइन्टेड
7	मिलाना / जोड़ा बनाना	पेर	Pair	Paired पेर्ड	Paired पेर्ड
8	लाड- प्यार करना	पेम्पर	Pamper	Pampered पेम्पर्ड	Pampered पेम्पर्ड
9	आलोचना करना / घुमाना	पेन	Pan	Panned पेन्ड	Panned पेन्ड
10	हांफना	पेन्ट	Pant	Panted पेन्टेड	Panted पेन्टेड
11	लकवा मारना / कमजोर करना	पेरलाइज़	Paralyze	Paralyzed पेरलाइज्ड	Paralyzed पेरलाइज्ड
12	दुसरे शब्दों में कहना	पेराफ्रेज	Paraphrase	Paraphrased पेराफ्रेज्ड	Paraphrased पेराफ्रेज्ड
13	क्षमा करना	पार्डन	Pardon	Pardoned पार्डन्ड	Pardoned पार्डन्ड
14	पार्क करना	पार्क	Park	Parked पार्क्ड	Parked पार्क्ड
15	अलग होना / करना	पार्ट	Part	Parted पार्टेड	Parted पार्टेड
16	भाग लेना / हिस्सा लेना	पाटिसिपेट	Participate	Participated पाटिसिपेटेड	Participated पाटिसिपेटेड
17	विभाग करना / बाँटना	पाटिशन	Partition	Partitioned पाटिशंड	Partitioned पाटिशंड
18	उत्तीर्ण होना / करना	पास	Pass	Passed पास्ड	Passed पास्ड
19	गुजरना / बीतना / बिताना	पास	Pass	Passed पास्ड	Passed पास्ड
20	चिपकाना / लगाना	पेस्ट	Paste	Pasted पेस्टेड	Pasted पेस्टेड

Sr. No.	Meaning	Pronounce	V1 (Base form)	V2 (Simple past)	V3 (Past Participle)
21	जीवाणु नाशन करना	पेसच्योराइज़	Pasteurize	Pasteurized पेसच्योराइज़्ड	Pasteurized पेसच्योराइज़्ड
22	चकती लगाना	पेच	Patch	Patched पेच्ड	Patched पेच्ड
23	पहरा देना	पेट्रोल	Patrol	Patrolled पेट्रोल्ड	Patrolled पेट्रोल्ड
24	कृपा करना	पेट्रोनाइज़	Patronize	Patronized पेट्रोनाइज़्ड	Patronized पेट्रोनाइज़्ड
25	थपथपाना	पेट	Pat	Patted पेटेड	Patted पेटेड
26	रुकना / ठहरना	पोज़	Pause	Paused पोज़्ड	Paused पोज़्ड
27	पत्थर बैठाना / मार्ग बनाना	पेव	Pave	Paved पेव्ड	Paved पेव्ड
28	पंजा मारना	पो	Paw	Pawed पोड	Pawed पोड
29	झाकना	पीक	Peek	Peeked पीक्ड	Peeked पीक्ड
30	छीलना	पील	Peel	Peeled पील्ड	Peeled पील्ड
31	झाकना / दिखाई पड़ना	पीप	Peep	Peeped पीप्ड	Peeped पीप्ड
32	सजा देना	पेनलाइज़	Penalize	Penalized पेनलाइज़्ड	Penalized पेनलाइज़्ड
33	भेदना / समझ लेना	पेनिट्रेट	Penetrate	Penetrated पेनिट्रेटेड	Penetrated पेनिट्रेटेड
34	लिखना	पेन	Pen	Penned पेन्ड	Penned पेन्ड
35	पेंशन देना	पेंशन	Pension	Pensioned पेंशंड	Pensioned पेंशंड
36	बौछार करना	पेपर	Pepper	Peppered पेपर्ड	Peppered पेपर्ड
37	जानना / महसूस होना	पर्सीव	Perceive	Perceived पर्सीव्ड	Perceived पर्सीव्ड
38	समझना / मालूम करना	पर्सीव	Perceive	Perceived पर्सीव्ड	Perceived पर्सीव्ड
39	काम करना / अभिनय करना	परफोम	Perform	Performed परफोम्ड	Performed परफोम्ड
40	सुगंधित करना / इत्र लगाना	पप्फ्यूम	Perfume	Perfumed पप्फ्यूम्ड	Perfumed पप्फ्यूम्ड
41	मर जाना / नष्ट हो जाना	पेरिश	Perish	Perished पेरिश्ड	Perished पेरिश्ड
42	अनुमति देना	पर्मिट	Permit	Permitted पर्मिटेड	Permitted पर्मिटेड

Sr. No.	Meaning	Pronounce	V1 (Base form)	V2 (Simple past)	V3 (Past Participle)
43	पाप या दोष करना	पर्पट्रेट	Perpetrate	Perpetrated पर्पट्रेटेड	Perpetrated पर्पट्रेटेड
44	तंग करना / अत्याचार करना	पर्सिक्यूट	Persecute	Persecuted पर्सिक्यूटेड	Persecuted पर्सिक्यूटेड
45	लगा रहना / डटे रहना	पर्सिस्ट	Persist	Persisted पर्सिस्टेड	Persisted पर्सिस्टेड
46	कायम रहना	पर्सिस्ट	Persist	Persisted पर्सिस्टेड	Persisted पर्सिस्टेड
47	मनाना / समझाना	पस्वेड	Persuade	Persuaded पस्वेडेड	Persuaded पस्वेडेड
48	से सम्बन्ध रखना	पर्टेंन	Pertain	Pertained पर्टेंन्ड	Pertained पर्टेंन्ड
49	फैलाना / घुस जाना	पर्वेड	Pervade	Pervaded पर्वेडेड	Pervaded पर्वेडेड
50	गुमराह करना	पर्वर्ट	Pervert	Perverted पर्वर्टेड	Perverted पर्वर्टेड
51	परेशान करना	पेस्टर	Pester	Pestered पेस्टर्ड	Pestered पेस्टर्ड
52	अर्ज करना / सिफारिश करना	पिटिशन	Petition	Petitioned पिटिशंड	Petitioned पिटिशंड
53	हक्का बक्का कर देना	पेट्रीफाइ	Petrify	Petrified पेट्रीफाइड	Petrified पेट्रीफाइड
54	पत्थर हो जाना / बना देना	पेट्रीफाइ	Petrify	Petrified पेट्रीफाइड	Petrified पेट्रीफाइड
55	फोन करना	फोन	Phone	Phoned फोन्ड	Phoned फोन्ड
56	तस्वीर खींचना	फोटोग्राफ	Photograph	Photographed फोटोग्राफ्ड	Photographed फोटोग्राफ्ड
57	वाक्यांश कहना / बोलना	फ्रेज़	Phrase	Phrased फ्रेज्ड	Phrased फ्रेज्ड
58	चयन करना	पिक	Pick	Picked पिक्ड	Picked पिक्ड
59	उंगलिओ से कुरेदना	पिक	Pick	Picked पिक्ड	Picked पिक्ड
60	चित्र बनाना / कल्पना करना	पिक्चर	Picture	Pictured पिक्चर्ड	Pictured पिक्चर्ड
61	छेदना / भेदना	पियर्स	Pierce	Pierced पियर्स्ड	Pierced पियर्स्ड
62	ढेर लगाना	पाइल	Pile	Piled पाइल्ड	Piled पाइल्ड
63	चिकोटी काटना / चुटकी लेना	पिंच	Pinch	Pinched पिंच्ड	Pinched पिंच्ड
64	पिन लगाना	पिन	Pin	Pinned पिन्ड	Pinned पिन्ड

Sr. No.	Meaning	Pronounce	V1 (Base form)	V2 (Simple past)	V3 (Past Participle)
65	दबोचना / छेदना	पिन	Pin	Pinned पिन्ड	Pinned पिन्ड
66	साहित्यिक चोरी करना	पाइरेट	Pirate	Pirated पाइरेटेड	Pirated पाइरेटेड
67	पेशाब करना	पिस	Piss	Pissed पिस्ड	Pissed पिस्ड
68	दया करना / तरस खाना	पिटी	Pity	Pitied पिटीड	Pitied पिटीड
69	रखना / याद करना	प्लेस	Place	Placed प्लेस्ड	Placed प्लेस्ड
70	नियुक्त / घोषणा करना	प्लेस	Place	Placed प्लेस्ड	Placed प्लेस्ड
71	साहित्यिक चोरी करना	प्लेजराइज़	Plagiarize	Plagiarized प्लेजराइज़्ड	Plagiarized प्लेजराइज़्ड
72	योजना बनाना	प्लान	Plan	Planned प्लान्ड	Planned प्लान्ड
73	रोपना / जमाना / नींव डालना	प्लान्ट	Plant	Planted प्लान्टेड	Planted प्लान्टेड
74	लीपना / पलस्तर लगाना	प्लास्टर	Plaster	Plastered प्लास्टर्ड	Plastered प्लास्टर्ड
75	खेलना / खिलाना	प्ले	Play	Played प्लेय्ड	Played प्लेय्ड
76	अभिनय करना / वादन करना	प्ले	Play	Played प्लेय्ड	Played प्लेय्ड
77	निवेदन / वकालत करना	प्लीड	Plead	Pleaded प्लीडेड	Pleaded प्लीडेड
78	बहाना बनाना	प्लीड	Plead	Pleaded प्लीडेड	Pleaded प्लीडेड
79	पसंद करना / चाहना	प्लीज़	Please	Pleased प्लीज़्ड	Pleased प्लीज़्ड
80	खुश करना	प्लीज़	Please	Pleased प्लीज़्ड	Pleased प्लीज़्ड
81	षड्यंत्र रचना / नक्शा तैयार करना	प्लोट	Plot	Plotted प्लोटेड	Plotted प्लोटेड
82	तोडना / खींचना	प्लक	Pluck	Plucked प्लक्ड	Plucked प्लक्ड
83	बंद करना / डाट लगाना	प्लग	Plug	Plugged प्लग्ड	Plugged प्लग्ड
84	प्रचार / प्रसंशा करना	प्लग	Plug	Plugged प्लग्ड	Plugged प्लग्ड
85	लूटना / चुराना	प्लन्डर	Plunder	Plundered प्लन्डर्ड	Plundered प्लन्डर्ड
86	गोता लगाना / डूबना	प्लंज	Plunge	Plunged प्लंज्ड	Plunged प्लंज्ड

Sr. No.	Meaning	Pronounce	V1 (Base form)	V2 (Simple past)	V3 (Past Participle)
87	उत्साह से आरम्भ करना	प्लंज	Plunge	Plunged प्लंज्ड	Plunged प्लंज्ड
88	निर्देश करना / निशान लगाना	पोइन्ट	Point	Pointed पोइन्टेड	Pointed पोइन्टेड
89	ज़हर देना / नष्ट करना	पोइज़न	Poison	Poisoned पोइज़न्ड	Poisoned पोइज़न्ड
90	ढकेलना / कुरेदना	पोक	Poke	Poked पोक्ड	Poked पोक्ड
91	दो गुटों में बाटना	पोलराइज़	Polarize	Polarized पोलराइज़्ड	Polarized पोलराइज़्ड
92	चमकाना	पोलिश	Polish	Polished पोलिश्ड	Polished पोलिश्ड
93	दूषित करना	पोल्यूट	Pollute	Polluted पोल्यूटेड	Polluted पोल्यूटेड
94	मनन / चिंतन करना	पोन्डर	Ponder	Pondered पोन्डर्ड	Pondered पोन्डर्ड
95	धमाके जैसी आवाज करना	पोप	Pop	Popped पोप्ड	Popped पोप्ड
96	झटपट आना या जाना	पोप	Pop	Popped पोप्ड	Popped पोप्ड
97	बसना / बसाना	पोप्युलेट	Populate	Populated पोप्युलेटेड	Populated पोप्युलेटेड
98	वर्णन / चित्रण करना	पोट्रेय	Portray	Portrayed पोट्रेय्ड	Portrayed पोट्रेय्ड
99	अभिनय करना	पोट्रेय	Portray	Portrayed पोट्रेय्ड	Portrayed पोट्रेय्ड
100	उपस्थित करना / ढोंग करना	पोज़	Pose	Posed पोज़्ड	Posed पोज़्ड
101	दिखावा करना / पोज़ देना	पोज़	Pose	Posed पोज़्ड	Posed पोज़्ड
102	कोई जगह / स्थिति में रखना	पोजिशन	Position	Positioned पोजिशंड	Positioned पोजिशंड
103	पास होना / मजबूर करना	पज़ेस	Possess	Possessed पज़ेस्ड	Possessed पज़ेस्ड
104	भेजना / तैनात करना	पोस्ट	Post	Posted पोस्टेड	Posted पोस्टेड
105	प्रचार / विज्ञापन करना	पोस्ट	Post	Posted पोस्टेड	Posted पोस्टेड
106	नियुक्त करना	पोस्ट	Post	Posted पोस्टेड	Posted पोस्टेड
107	मुल्तवी करना	पोस्टपोन	Postpone	Postponed पोस्टपोन्ड	Postponed पोस्टपोन्ड
108	गमले में रोपना	पोट	Pot	Potted पोटेड	Potted पोटेड

Sr. No.	Meaning	Pronounce	V1 (Base form)	V2 (Simple past)	V3 (Past Participle)
109	बहाना / मूसलाधार बरसना	पोर	Pour	Poured पोर्ड	Poured पोर्ड
110	उमड़ना	पोर	Pour	Poured पोर्ड	Poured पोर्ड
111	अभ्यास करना	प्रेक्टिस	Practice	Practiced प्रेक्टिस्ड	Practiced प्रेक्टिस्ड
112	डाक्टरी / वकालत करना	प्रेक्टिस	Practice	Practiced प्रेक्टिस्ड	Practiced प्रेक्टिस्ड
113	प्रशंसा करना	प्रेइज	Praise	Praised प्रेइज्ड	Praised प्रेइज्ड
114	प्रार्थना करना	प्रे	Pray	Prayed प्रेड	Prayed प्रेड
115	आगे होना / पहले आना	प्रिसिड	Precede	Preceded प्रिसिडेड	Preceded प्रिसिडेड
116	पहले से ही तय करना	प्रीडिटमिन	Predetermine	Predetermined प्रीडिटमिन्ड	Predetermined प्रीडिटमिन्ड
117	अनुमान लगाना	प्रिडिक्ट	Predict	Predicted प्रिडिक्टेड	Predicted प्रिडिक्टेड
118	से अधिक चाहना	प्रिफर	Prefer	Preferred प्रिफर्ड	Preferred प्रिफर्ड
119	पहले से व्यस्त होना	प्रिओक्युपाइ	Preoccupy	Preoccupied प्रिओक्युपाइड	Preoccupied प्रिओक्युपाइड
120	तैयार करना	प्रिपेर	Prepare	Prepared प्रिपेर्ड	Prepared प्रिपेर्ड
121	आदेश देना	प्रिस्क्राइब	Prescribe	Prescribed प्रिस्क्राइब्ड	Prescribed प्रिस्क्राइब्ड
122	दवाईया लिखना	प्रिस्क्राइब	Prescribe	Prescribed प्रिस्क्राइब्ड	Prescribed प्रिस्क्राइब्ड
123	प्रस्तुत करना / उपहार देना	प्रेज़न्ट	Present	Presented प्रेज़न्टेड	Presented प्रेज़न्टेड
124	परिचय कराना / उपस्थित रहना	प्रेज़न्ट	Present	Presented प्रेज़न्टेड	Presented प्रेज़न्टेड
125	सुरक्षित रखना / रक्षा करना	प्रिज़र्व	Preserve	Preserved प्रिज़र्वड	Preserved प्रिज़र्वड
126	दबाना / दबाव डालना	प्रेस	Press	Pressed प्रेस्ड	Pressed प्रेस्ड
127	इस्त्री करना	प्रेस	Press	Pressed प्रेस्ड	Pressed प्रेस्ड
128	अनुमान लगाना	प्रिज्यूम	Presume	Presumed प्रिज्यूम्ड	Presumed प्रिज्यूम्ड
129	ढोंग करना	प्रिटेन्ड	Pretend	Pretended प्रिटेन्डेड	Pretended प्रिटेन्डेड
130	प्रचलित होना / जितना	प्रिवेल	Prevail	Prevailed प्रिवेल्ड	Prevailed प्रिवेल्ड

Sr. No.	Meaning	Pronounce	V1 (Base Form)	V2 (Simple past)	V3 (Past Participle)
131	रोकना / प्रतिकार करना	प्रिवेन्ट	Prevent	Prevented प्रिवेन्टेड	Prevented प्रिवेन्टेड
132	दाम लगाना	प्राइस	Price	Priced प्राइस्ड	Priced प्राइस्ड
133	छापना / प्रकाशित करना	प्रिन्ट	Print	Printed प्रिन्टेड	Printed प्रिन्टेड
134	आगे बढ़ना / चालू रखना	प्रोसीड	Proceed	Proceeded प्रोसीडेड	Proceeded प्रोसीडेड
135	प्रक्रिया करना / तैयार करना	प्रोसेस	Process	Processed प्रोसेस्ड	Processed प्रोसेस्ड
136	घोषणा / घोषित करना	प्रोक्लेम	Proclaim	Proclaimed प्रोक्लेम्ड	Proclaimed प्रोक्लेम्ड
137	टालना	प्रोक्रेस्टिनेट	Procrastinate	Procrastinated प्रोक्रेस्टिनेटेड	Procrastinated प्रोक्रेस्टिनेटेड
138	उत्पन्न करना / उपजाना	प्रोड्यूस	Produce	Produced प्रोड्यूस्ड	Produced प्रोड्यूस्ड
139	प्रस्तुत करना	प्रोड्यूस	Produce	Produced प्रोड्यूस्ड	Produced प्रोड्यूस्ड
140	फायदा होना / कराना	प्रोफिट	Profit	Profited प्रोफिटेड	Profited प्रोफिटेड
141	आयोजन / प्रोग्राम करना	प्रोग्राम	Program	Programmed प्रोग्राम्ड	Programmed प्रोग्राम्ड
142	प्रगति करना	प्रोग्रेस	Progress	Progressed प्रोग्रेस्ड	Progressed प्रोग्रेस्ड
143	मना करना / रोक लगाना	प्रोहिबिट	Prohibit	Prohibited प्रोहिबिटेड	Prohibited प्रोहिबिटेड
144	व्यक्त करना / योजना बनाना	प्रोजेक्ट	Project	Projected प्रोजेक्टेड	Projected प्रोजेक्टेड
145	अनुमान लगाना	प्रोजेक्ट	Project	Projected प्रोजेक्टेड	Projected प्रोजेक्टेड
146	तादाद में तेजी से बढ़ना	प्रोलिफरेट	Proliferate	Proliferated प्रोलिफरेटेड	Proliferated प्रोलिफरेटेड
147	समय बढ़ाना / लम्बा करना	प्रोलोंग	Prolong	Prolonged प्रोलोंग्ड	Prolonged प्रोलोंग्ड
148	वादा करना	प्रोमिस	Promise	Promised प्रोमिस्ड	Promised प्रोमिस्ड
149	प्रोत्साहित करना	प्रमोट	Promote	Promoted प्रमोटेड	Promoted प्रमोटेड
150	प्रचार करना / बढ़ावा करना	प्रमोट	Promote	Promoted प्रमोटेड	Promoted प्रमोटेड
151	बोलने के लिए सहायता करना	प्रोम्प्ट	Prompt	Prompted प्रोम्प्टेड	Prompted प्रोम्प्टेड
152	प्रेरित करना	प्रोम्प्ट	Prompt	Prompted प्रोम्प्टेड	Prompted प्रोम्प्टेड

Sr. No.	Meaning	Pronounce	V1 (Base form)	V2 (Simple past)	V3 (Past Participle)
153	उच्चारण करना	प्रनाउन्स	Pronounce	Pronounced प्रनाउन्स्ड	Pronounced प्रनाउन्स्ड
154	आगे बढ़ना / बढ़ाना	प्रपेल	Propel	Propelled प्रपेल्ड	Propelled प्रपेल्ड
155	प्रस्ताव रखना	प्रपोज़	Propose	Proposed प्रपोज़्ड	Proposed प्रपोज़्ड
156	मुकदमा चलाना	प्रोसीक्यूट	Prosecute	Prosecute प्रोसीक्यूटेड	Prosecute प्रोसीक्यूटेड
157	खोज करना (ऑइल, सोना)	प्रोस्पेक्ट	Prospect	Prospected प्रोस्पेक्टेड	Prospected प्रोस्पेक्टेड
158	समृद्ध होना	प्रोस्पर	Prosper	Prospered प्रोस्पर्ड	Prospered प्रोस्पर्ड
159	बचाना / रक्षा करना	प्रोटेक्ट	Protect	Protected प्रोटेक्टेड	Protected प्रोटेक्टेड
160	विरोध करना	प्रोटेस्ट	Protest	Protested प्रोटेस्टेड	Protested प्रोटेस्टेड
161	साबित करना	प्रूव	Prove	Proved प्रूव्ड	Proved/Proven प्रूव्ड / प्रूवन
162	मुहैया कराना / उपलब्ध कराना	प्रोवाइड	Provide	Provided प्रोवाइडेड	Provided प्रोवाइडेड
163	उकसाना / भड़काना	प्रवोक	Provoke	Provoked प्रवोक्ड	Provoked प्रवोक्ड
164	छटाई करना	प्रून	Prune	Pruned प्रून्ड	Pruned प्रून्ड
165	प्रकाशित / जारी करना	पब्लिश	Publish	Published पब्लिश्ड	Published पब्लिश्ड
166	हांफना / सिगरेट पीना	पफ	Puff	Puffed पफ्ड	Puffed पफ्ड
167	फुकना / अति प्रशंसा करना	पफ	Puff	Puffed पफ्ड	Puffed पफ्ड
168	उल्टी करना	प्यूक	Puke	Puked प्यूक्ड	Puked प्यूक्ड
169	खींचना / उखाड़ना	पुल	Pull	Pulled पुल्ड	Pulled पुल्ड
170	पम्प करना / पानी निकालना	पम्प	Pump	Pumped पम्प्ड	Pumped पम्प्ड
171	बहना / लगातार सवाल करना	पम्प	Pump	Pumped पम्प्ड	Pumped पम्प्ड
172	मुक्का मारना / छेद करना	पंच	Punch	Punched पंच्ड	Punched पंच्ड
173	बीच में रोकना / टोकना	पंक्चुएट	Punctuate	Punctuated पंक्चुएटेड	Punctuated पंक्चुएटेड
174	विराम चिन्ह लगाना	पंक्चुएट	Punctuate	Punctuated पंक्चुएटेड	Punctuated पंक्चुएटेड

Sr. No.	Meaning	Pronounce	V1 (Base Form)	V2 (Simple past)	V3 (Past Participle)
175	सजा देना / शिक्षा करना	पनिश	Punish	Punished पनिश्ड	Punished पनिश्ड
176	खरीदना	पर्चेज़	Purchase	Purchased पर्चेज़्ड	Purchased पर्चेज़्ड
177	शुद्ध करना	प्यूरीफाइ	Purify	Purified प्यूरीफाइड	Purified प्यूरीफाइड
178	धक्का देना / दबाना	पुश	Push	Pushed पुश्ड	Pushed पुश्ड
179	बाध्य / विवश करना	पुश	Push	Pushed पुश्ड	Pushed पुश्ड
180	रखना	पुट	Put	Put पुट	Put पुट
181	एलान करना / जारी करना	प्रोमलगेट	Promulgate	Promulgated प्रोमलगेटेड	Promulgated प्रोमलगेटेड

Sr. No.	Meaning	Pronounce	V1 (Base form)	V2 (Simple past)	V3 (Past Participle)
			Verbs starts from Alphabate 'Q'		
1	बतख की तरह बोलना	क्वेक	Quack	Quacked क्वेक्ड	Quacked क्वेक्ड
2	चौ गुना होना / करना	क्वाड्रपल	Quadruple	Quadrupled क्वाड्रपल्ड	Quadrupled क्वाड्रपल्ड
3	योग्यता प्राप्त करना / योग्य होना	क्वोलिफाइ	Qualify	Qualified क्वोलिफाइड	Qualified क्वोलिफाइड
4	विवाद / झगड़ा करना	क्वोरल	Quarrel	Quarreled क्वोरल्ड	Quarreled क्वोरल्ड
5	चार भाग करना	क्वोटर	Quarter	Quartered क्वोटर्ड	Quartered क्वोटर्ड
6	प्यास बुझाना / शांत करना	क्वेन्च	Quench	Quenched क्वेन्च्ड	Quenched क्वेन्च्ड
7	प्रश्न करना	क्वेश्यन	Question	Questioned क्वेश्यन्ड	Questioned क्वेश्यन्ड
8	तेज होना / करना	क्विकन	Quicken	Quickened क्विकन्ड	Quickened क्विकन्ड
9	उत्तेजित करना / सक्रिय करना	क्विकन	Quicken	Quickened क्विकन्ड	Quickened क्विकन्ड
10	छोड़ देना	क्विट	Quit	Quit क्विट	Quit क्विट
11	काँपना / फड़कना	क्विवर	Quiver	Quivered क्विवर्ड	Quivered क्विवर्ड
12	उद्धरण करना / प्रस्तुत करना	क्वोट	Quote	Quoted क्वोटेड	Quoted क्वोटेड

Sr. No.	Meaning	Pronounce	V1 (Base Form)	V2 (Simple past)	V3 (Past Participle)
	Verbs starts from Alphabate 'R'				
1	दोड़ लगाना / शीघ्र भागना	रेस	Race	Raced रेस्ड	Raced रेस्ड
2	रेस प्रतियोगिता में भाग लेना	रेस	Race	Raced रेस्ड	Raced रेस्ड
3	प्रकाश करना / चमकना	रेडिएट	Radiate	Radiated रेडिएटेड	Radiated रेडिएटेड
4	चारो और फैलना / फैलाना	रेडिएट	Radiate	Radiated रेडिएटेड	Radiated रेडिएटेड
5	आनंद से खिल उठना	रेडिएट	Radiate	Radiated रेडिएटेड	Radiated रेडिएटेड
6	क्रोध करना / चालू रहना	रेज	Rage	Raged रेज्ड	Raged रेज्ड
7	छापा मारना	रेड	Raid	Raided रेडेड	Raided रेडेड
8	निंदा करना / बुरा कहना	रेइल	Rail	Railed रेइल्ड	Railed रेइल्ड
9	बरसना / बरसाना	रेन	Rain	Rained रेइन्ड	Rained रेइन्ड
10	उपर उठाना / बढ़ाना	रेइज़	Raise	Raised रेइज़्ड	Raised रेइज़्ड
11	इकट्ठा करना	रेइज़	Raise	Raised रेइज़्ड	Raised रेइज़्ड
12	पालना - पोसना	रेइज़	Raise	Raised रेइज़्ड	Raised रेइज़्ड
13	शाखाई फैलना / फैलाना	रमीफाइ	Ramify	Ramified रमीफाइड	Ramified रमीफाइड
14	बलात्कार करना	रेप	Rape	Raped रेप्ड	Raped रेप्ड
15	मुल्यांकन करना	रेट	Rate	Rated रेटेड	Rated रेटेड
16	मंजूर करना	रेटिफाइ	Ratify	Ratified रेटिफाइड	Ratified रेटिफाइड
17	राशन देना / सिमित करना	रेशन	Ration	Rationed रेशंड	Rationed रेशंड
18	तर्कसंगत व्याख्या करना	रेश्नलाइज़	Rationalize	Rationalized रेश्नलाइज़्ड	Rationalized रेश्नलाइज़्ड
19	पुनर्गठन करना	रेश्नलाइज़	Rationalize	Rationalized रेश्नलाइज़्ड	Rationalized रेश्नलाइज़्ड
20	खड़खड़ करना / घबरा देना	रेटल	Rattle	Rattled रेटल्ड	Rattled रेटल्ड

Sr. No.	Meaning	Pronounce	V1 (Base form)	V2 (Simple past)	V3 (Past Participle)
21	अत्यधिक प्रशंसा करना	रेव	Rave	Raved रेव्ड	Raved रेव्ड
22	प्रलाप करना / बेसुध बोलना	रेव	Rave	Raved रेव्ड	Raved रेव्ड
23	तहस-नहस करना	रेवेज	Ravage	Ravaged रेवेज्ड	Ravaged रेवेज्ड
24	पुनःग्रहण करना	रीअब्जोर्ब	Reabsorb	Reabsorbed रीअब्जोर्ब्ड	Reabsorbed रीअब्जोर्ब्ड
25	पहुंचना / संपर्क करना	रिच	Reach	Reached रिच्ड	Reached रिच्ड
26	हाथ आना / पहुंच के अंदर होना	रिच	Reach	Reached रिच्ड	Reached रिच्ड
27	प्रतिक्रिया करना	रिएक्ट	React	Reacted रिएक्टेड	Reacted रिएक्टेड
28	पढ़ना / पढ़ कर सुनाना	रीड	Read	Read रेड	Read रेड
29	शब्द या संकेत दिखाना	रीड	Read	Read रेड	Read रेड
30	फिर ठीक करना	रिअजस्ट	Readjust	Readjusted रिअजस्टेड	Readjusted रिअजस्टेड
31	पुनःभरती करना	रिअड्मिट	Readmit	Readmitted रिअड्मिटेड	Readmitted रिअड्मिटेड
32	पुनःपुष्टि करना	रिअफर्म	Reaffirm	Reaffirmed रिअफर्म्ड	Reaffirmed रिअफर्म्ड
33	अहसास होना	रियलाइज़	Realize	Realized रियलाइज़्ड	Realized रियलाइज़्ड
34	सच के रूप में दिखाना	रियलाइज़	Realize	Realized रियलाइज़्ड	Realized रियलाइज़्ड
35	पुनःजीवित करना	रिएनिमेट	Reanimate	Reanimated रिएनिमेटेड	Reanimated रिएनिमेटेड
36	फसल एकत्र करना	रीप	Reap	Reaped रीप्ड	Reaped रीप्ड
37	फिर दिखाई देना	रीअपीयर	Reappear	Reappeared रीअपीयर्ड	Reappeared रीअपीयर्ड
38	फिर से आवेदन करना	रीअप्लाइ	Reapply	Reapplied रीअप्लाइड	Reapplied रीअप्लाइड
39	फिर से लागु करना	रीअप्लाइ	Reapply	Reapplied रीअप्लाइड	Reapplied रीअप्लाइड
40	पालन-पोषण करना	रिअर	Rear	Reared रिअर्ड	Reared रिअर्ड
41	तर्क करना / दलील करना	रीज़न	Reason	Reasoned रीज़न्ड	Reasoned रीज़न्ड
42	फिर से जोड़ना / जुड़ना	रीअसेम्बल	Reassemble	Reassembled रीअसेम्बल्ड	Reassembled रीअसेम्बल्ड

Sr. No.	Meaning	Pronounce	V1 (Base form)	V2 (Simple past)	V3 (Past Participle)
43	आश्वाशन देना	रीअश्योर	Reassure	Reassured रीअश्योर्ड	Reassured रीअश्योर्ड
44	विद्रोह करना	रेबल	Rebel	Rebelled रेबल्ड	Rebelled रेबल्ड
45	टकरा कर लौटना	रीबाउंड	Rebound	Rebounded रीबाउंडेड	Rebounded रीबाउंडेड
46	पुन:निर्माण करना	रीबिल्ड	Rebuild	Rebuilt रीबिल्ट	Rebuilt रीबिल्ट
47	डाटना / सुनाना / गाली देना	रिब्यूक	Rebuke	Rebuked रिब्यूक्ड	Rebuked रिब्यूक्ड
48	याद करना / वापस बुलाना	रीकोल	Recall	Recalled रीकोल्ड	Recalled रीकोल्ड
49	संक्षेप में दुहराना	रीकेप	Recap	Recapped रीकेप्ड	Recapped रीकेप्ड
50	संक्षेप में दुहराना	रीकेपिचुलेट	Recapitulate	Recapitulated रीकेपिचुलेटेड	Recapitulated रीकेपिचुलेटेड
51	फिर से पकड़ना / प्राप्त करना	रीकेप्चर	Recapture	Recaptured रीकेप्चर्ड	Recaptured रीकेप्चर्ड
52	नई भूमिका देना	रीकास्ट	Recast	Recast रीकास्ट	Recast रीकास्ट
53	हटना / घटना / कम होना	रिसीड	Recede	Receded रिसीडेड	Receded रिसीडेड
54	प्राप्त करना / मिलना	रिसीव	Receive	Received रिसीव्ड	Received रिसीव्ड
55	फिर से भरना / चार्ज करना	रीचार्ज	Recharge	Recharged रीचार्ज्ड	Recharged रीचार्ज्ड
56	सुनाना / बयान करना	रीसाइट	Recite	Recited रीसाइटेड	Recited रीसाइटेड
57	गिनना / अनुमान करना	रेकन	Reckon	Reckoned रेकन्ड	Reckoned रेकन्ड
58	वापस प्राप्त करना	रिक्लेम्ड	Reclaim	Reclaimed रिक्लेम्ड	Reclaimed रिक्लेम्ड
59	सहारा लेना / तकिया लगाना	रिक्लाइन	Recline	Reclined रिक्लाइन्ड	Reclined रिक्लाइन्ड
60	पहचानना / स्वीकार करना	रेकग्नाइज़	Recognize	Recognized रेकग्नाइज़्ड	Recognized रेकग्नाइज़्ड
61	सम्मान करना	रेकग्नाइज़	Recognize	Recognized रेकग्नाइज़्ड	Recognized रेकग्नाइज़्ड
62	याद करना	रिकलेक्ट	Recollect	Recollected रिकलेक्टेड	Recollected रिकलेक्टेड
63	सिफारिश करना	रेकमेन्ड	Recommend	Recommended रेकमेन्डेड	Recommended रेकमेन्डेड
64	पुन:निर्मित करना	रीकम्पोज़	Recompose	Recomposed रीकम्पोज़्ड	Recomposed रीकम्पोज़्ड

Sr. No.	Meaning	Pronounce	V1 (Base form)	V2 (Simple past)	V3 (Past Participle)
65	समाधान करना / संधि कराना	रेकन्साइल	Reconcile	Reconciled रेकन्साइल्ड	Reconciled रेकन्साइल्ड
66	तालमेल बिठाना	रेकन्साइल	Reconcile	Reconciled रेकन्साइल्ड	Reconciled रेकन्साइल्ड
67	पुनःपुष्टि करना	रिकन्फर्म	Reconfirm	Reconfirmed रिकन्फर्म्ड	Reconfirmed रिकन्फर्म
68	फिर से सोचना	रिकन्सिडर	Reconsider	Reconsidered रिकन्सिडर्ड	Reconsidered रिकन्सिडर्ड
69	दर्ज करना / रिकार्ड करना	रेकोर्ड	Record	Recorded रेकोर्डेड	Recorded रेकोर्डेड
70	बयान / वर्णन करना	रिकाउन्ट	Recount	Recounted रिकाउन्टेड	Recounted रिकाउन्टेड
71	स्वस्थ होना / वापिस पाना	रिकवर	Recover	Recovered रिकवर्ड	Recovered रिकवर्ड
72	फिर बनाना	रिक्रिएट	Recreate	Recreated रिक्रिएटेड	Recreated रिक्रिएटेड
73	भर्ती करना	रिक्रूट	Recruit	Recruited रिक्रूटेड	Recruited रिक्रूटेड
74	सुधारना / सही करना	रेक्टिफाइ	Rectify	Rectified रेक्टिफाइड	Rectified रेक्टिफाइड
75	पुनःप्रयोग करना	रीसाइकल	Recycle	Recycled रीसाइकल्ड	Recycled रीसाइकल्ड
76	पूरा करना / छुड़ाना	रिडीम	Redeem	Redeemed रिडीम्ड	Redeemed रिडीम्ड
77	फिर से खोजना	रीडिस्कवर	Rediscover	Rediscovered रीडिस्कवर्ड	Rediscovered रीडिस्कवर्ड
78	घटना / घटाना	रिड्यूस	Reduce	Reduced रिड्यूस्ड	Reduced रिड्यूस्ड
79	दुर्बल / क्षीण बनाना	रिड्यूस	Reduce	Reduced रिड्यूस्ड	Reduced रिड्यूस्ड
80	लड़खड़ाना	रील	Reel	Reeled रील्ड	Reeled रील्ड
81	फिर से शामिल होना	रिइंगेज	Reengage	Reengaged रिइंगेज्ड	Reengaged रिइंगेज्ड
82	पुनःप्रकट होना या उभरना	रीइमर्ज	Reemerge	Reemerged रीइमर्ज्ड	Reemerged रीइमर्ज्ड
83	पुनःस्थापित करना	रीइस्टाब्लिश	Reestablish	Reestablished रीइस्टाब्लिश्ड	Reestablished रीइस्टाब्लिश्ड
84	उल्लेख करना / सूचित करना	रिफर	Refer	Referred रिफर्ड	Referred रिफर्ड
85	फिर से भरना	रीफिल	Refill	Refilled रीफिल्ड	Refilled रीफिल्ड
86	शुद्ध करना / सुधारना	रिफाइन	Refine	Refined रिफाइन्ड	Refined रिफाइन्ड

Sr. No.	Meaning	Pronounce	V1 (Base form)	V2 (Simple past)	V3 (Past Participle)
87	परावर्तित करना / दर्शाना	रिफ्लेक्ट	Reflect	Reflected रिफ्लेक्टेड	Reflected रिफ्लेक्टेड
88	चिंतन करना	रिफ्लेक्ट	Reflect	Reflected रिफ्लेक्टेड	Reflected रिफ्लेक्टेड
89	सुधार करना / फिर से बनाना	रिफोर्म	Reform	Reformed रिफोर्म्ड	Reformed रिफोर्म्ड
90	ताज़ा करना / नया करना	रिफ्रेश	Refresh	Refreshed रिफ्रेश्ड	Refreshed रिफ्रेश्ड
91	वापस करना	रिफन्ड	Refund	Refunded रिफन्डेड	Refunded रिफन्डेड
92	फिर से सजाना (फर्नीचर)	रिफर्निश	Refurnish	Refurnished रिफर्निश्ड	Refurnished रिफर्निश्ड
93	मना करना	रिफ्यूज़	Refuse	Refused रिफ्यूज़्ड	Refused रिफ्यूज़्ड
94	खण्डन करना / जूठा ठहराना	रिफ्यूट	Refute	Refuted रिफ्यूटेड	Refuted रिफ्यूटेड
95	पुनःप्राप्त करना	रिगेइन	Regain	Regained रिगेइन्ड	Regained रिगेइन्ड
96	फिर से उत्पन्न करना	रिजनरेट	Regenerate	Regenerated रिजनरेटेड	Regenerated रिजनरेटेड
97	दर्ज करना / कराना	रजिस्टर	Register	Registered रजिस्टर्ड	Registered रजिस्टर्ड
98	पछतावा करना / होना	रिग्रेट	Regret	Regretted रिग्रेटेड	Regretted रिग्रेटेड
99	नियंत्रित / ठीक करना	रेग्युलेट	Regulate	Regulated रेग्युलेटेड	Regulated रेग्युलेटेड
100	पूर्व अवस्था में लाना	रिहबिलिटेट	Rehabilitate	Rehabilitated रिहबिलिटेटेड	Rehabilitated रिहबिलिटेटेड
101	रिहर्सल करना	रिहर्स	Rehearse	Rehearsed रिहर्स्ड	Rehearsed रिहर्स्ड
102	दोबारा गरम करना	रिहिट	Reheat	Reheated रिहिटेड	Reheated रिहिटेड
103	शासन करना	रेइन	Reign	Reigned रेइन्ड	Reigned रेइन्ड
104	लौटाना / भरपाइ करना	रिइम्बर्स	Reimburse	Reimbursed रिइम्बर्स्ड	Reimbursed रिइम्बर्स्ड
105	फिर से लागु करना	रिइम्पोज़	Reimpose	Reimposed रिइम्पोज़्ड	Reimposed रिइम्पोज़्ड
106	मजबूत बनाना	रिइन्फोर्स	Reinforce	Reinforced रिइन्फोर्स्ड	Reinforced रिइन्फोर्स्ड
107	फिर से डालना	रिइन्सर्ट	Reinsert	Reinserted रिइन्सर्टेड	Reinserted रिइन्सर्टेड
108	पुनःस्थापित करना	रिइन्स्टोल	Reinstall	Reinstalled रिइन्स्टोल्ड	Reinstalled रिइन्स्टोल्ड

Sr. No.	Meaning	Pronounce	V1 (Base form)	V2 (Simple past)	V3 (Past Participle)
109	पुनःप्रस्तुत करना / परिचय देना	रिइन्ट्रोड्यूस	Reintroduce	Reintroduced रिइन्ट्रोड्यूस्ड	Reintroduced रिइन्ट्रोड्यूस्ड
110	पुनःनिवेश करना	रिइन्वेस्ट	Reinvest	Reinvested रिइन्वेस्टेड	Reinvested रिइन्वेस्टेड
111	पुनःजारी करना	रिइस्यु	Reissue	Reissued रिइस्युड	Reissued रिइस्युड
112	दोहराना / बारबार कहना	रिइटरेट	Reiterate	Reiterated रिइटरेटेड	Reiterated रिइटरेटेड
113	अस्वीकार / नामंजूर करना	रिजेक्ट	Reject	Rejected रिजेक्टेड	Rejected रिजेक्टेड
114	आनंदित होना / करना	रिजोइस	Rejoice	Rejoiced रिजोइस्ड	Rejoiced रिजोइस्ड
115	फिर से जुड़ना / जोड़ना	रिजोइन	Rejoin	Rejoined रिजोइन्ड	Rejoined रिजोइन्ड
116	ऊर्जा से भर जाना / भर देना	रिजूवनेट	Rejuvenate	Rejuvenated रिजूवनेटेड	Rejuvenated रिजूवनेटेड
117	फिर से बीमार होना / बिगड़ जाना	रिलैप्स	Relapse	Relapsed रिलैप्स्ड	Relapsed रिलैप्स्ड
118	से संबंध होना / रखना	रिलेट	Relate	Related रिलेटेड	Related रिलेटेड
119	चर्चा करना	रिलेट	Relate	Related रिलेटेड	Related रिलेटेड
120	आराम करना / शांत हो जाना	रिलेक्स	Relax	Relaxed रिलेक्स्ड	Relaxed रिलेक्स्ड
121	तनावमुक्त करना / होना	रिलेक्स	Relax	Relaxed रिलेक्स्ड	Relaxed रिलेक्स्ड
122	आगे भेजना	रीले	Relay	Relayed रीलेय्ड	Relayed रीलेय्ड
123	मुक्त करना / प्रकाशित करना	रिलीज	Release	Released रिलीज्ड	Released रिलीज्ड
124	रिहा करना	रिलीज	Release	Released रिलीज्ड	Released रिलीज्ड
125	निचले पद पर रखना	रेलीगेट	Relegate	Relegated रेलीगेटेड	Relegated रेलीगेटेड
126	दूर करना / राहत दिलाना	रिलिव	Relieve	Relieved रिलीव्ड	Relieved रिलीव्ड
127	आनंद लेना	रेलिश	Relish	Relished रेलिश्ड	Relished रेलिश्ड
128	फिर से भरना	रीलोड	Reload	Reloaded रीलोडेड	Reloaded रीलोडेड
129	स्थानांतर करना	रीलोकेट	Relocate	Relocated रीलोकेटेड	Relocated रीलोकेटेड
130	बाकी रहना / बचना	रिमेइन	Remain	Remained रिमेइन्ड	Remained रिमेइन्ड

Sr. No.	Meaning	Pronounce	V1 (Base form)	V2 (Simple past)	V3 (Past Participle)
131	बने रहना / चालू रहना	रिमेइन	Remain	Remained रिमेइन्ड	Remained रिमेइन्ड
132	फिर बनाना	रीमेक	Remake	Remade रीमेड	Remade रीमेड
133	पुन:विवाह करना	रीमेरी	Remarry	Remarried रीमेरीड	Remarried रीमेरीड
134	उपचार करना / सुधारना (गलत)	रेमेडी	Remedy	Remedied रेमेडीड	Remedied रेमेडीड
135	याद करना / रखना	रिमेम्बर	Remember	Remembered रिमेम्बर्ड	Remembered रिमेम्बर्ड
136	याद दिलाना	रिमाइंड	Remind	Reminded रिमाइंडेड	Reminded रिमाइंडेड
137	दूर करना / हटाना	रिमूव	Remove	Removed रिमूव्ड	Removed रिमूव्ड
138	मेहनताना देना	रम्युनरेट	Remunerate	Remunerated रम्युनरेटेड	Remunerated रम्युनरेटेड
139	नया नाम रखना	रीनेम	Rename	Renamed रीनेम्ड	Renamed रीनेम्ड
140	दुबारा शुरू करना	रिन्यू	Renew	Renewed रिन्यूड	Renewed रिन्यूड
141	नइ शक्ति / रूप देना	रिन्यू	Renew	Renewed रिन्यूड	Renewed रिन्यूड
142	त्याग करना	रिनाउन्स	Renounce	Renounced रिनाउन्स्ड	Renounced रिनाउन्स्ड
143	नया करना / मरम्मत करना	रेनवेट	Renovate	Renovated रेनवेटेड	Renovated रेनवेटेड
144	किराये पर लेना / देना	रेन्ट	Rent	Rented रेन्टेड	Rented रेन्टेड
145	फिर से खोलना / खुलना	रिओपन	Reopen	Reopened रिओपन्ड	Reopened रिओपन्ड
146	पुन:संगठित करना	रिओर्गनाइज़	Reorganized	Reorganized रिओर्गनाइज्ड	Reorganized रिओर्गनाइज्ड
147	मरम्मत करना / सुधारना	रिपेर	Repair	Repaired रिपेर्ड	Repaired रिपेर्ड
148	चूका देना / वापस करना	रिपे	Repay	Repaid रिपेय्ड	Repaid रिपेय्ड
149	दोहराना	रिपीट	Repeat	Repeated रिपीटेड	Repeated रिपीटेड
150	बदलना / स्थान लेना	रिप्लेस	Replace	Replaced रिप्लेस्ड	Replaced रिप्लेस्ड
151	जवाब देना	रिप्लाइ	Reply	Replied रिप्लाइड	Replied रिप्लाइड
152	खबर देना / समाचार लिखना	रिपोर्ट	Report	Reported रिपोर्टेड	Reported रिपोर्टेड

Sr. No.	Meaning	Pronounce	V1 (Base Form)	V2 (Simple past)	V3 (Past Participle)
153	प्रतिनिधित्व करना	रेप्रज़ेन्ट	Represent	Represented रेप्रज़ेन्टेड	Represented रेप्रज़ेन्टेड
154	दर्शाना / वर्णन करना	रेप्रज़ेन्ट	Represent	Represented रेप्रज़ेन्टेड	Represented रेप्रज़ेन्टेड
155	पैदा करना / नक़ल करना	रिप्रोड्यूस	Reproduce	Reproduced रिप्रोड्यूस्ड	Reproduced रिप्रोड्यूस्ड
156	दुबारा प्रकाशित करना	रिपब्लिश	Republish	Republished रिपब्लिशड	Republished रिपब्लिशड
157	विनती करना	रिक्वेस्ट	Request	Requested रिक्वेस्टेड	Requested रिक्वेस्टेड
158	जरुरत होना / मांग करना	रिक्वायर	Require	Required रिक्वायर्ड	Required रिक्वायर्ड
159	बचाना / छुड़ाना	रेस्क्यू	Rescue	Rescued रेस्क्यूड	Rescued रेस्क्यूड
160	फिर से बेचना	रिसेल	Resell	Resold रिसोल्ड	Resold रिसोल्ड
161	समान होना / दिखना	रिजेम्बल	Resemble	Resembled रिजेम्बल्ड	Resembled रिजेम्बल्ड
162	बुरा मानना / अप्रसन्न होना	रिजेन्ट	Resent	Resented रिजेन्टेड	Resented रिजेन्टेड
163	आरक्षित रखना / रोकना	रिज़र्व	Reserve	Reserved रिज़र्वड	Reserved रिज़र्वड
164	दोबारा स्थापित/ठीक करना	रिसेट	Reset	Reset रिसेट	Reset रिसेट
165	पुनःआकार देना	रिशेप	Reshape	Reshaped रिशेप्ड	Reshaped रिशेप्ड
166	बसना / निवास करना	रिसाइड	Reside	Resided रिसाइडेड	Resided रिसाइडेड
167	इस्तीफा देना	रिज़ाइन	Resign	Resigned रिज़ाइन्ड	Resigned रिज़ाइन्ड
168	विरोध करना	रिज़िस्ट	Resist	Resisted रिज़िस्टेड	Resisted रिज़िस्टेड
169	हल करना / निश्चय करना	रिज़ोल्व	Resolve	Resolved रिज़ोल्वड	Resolved रिज़ोल्वड
170	सहारा लेना	रिज़ोर्ट	Resort	Resorted रिज़ोर्टेड	Resorted रिज़ोर्टेड
171	आदर / सम्मान करना	रिस्पेक्ट	Respect	Respected रिस्पेक्टेड	Respected रिस्पेक्टेड
172	उतर देना	रिस्पोन्ड	Respond	Responded रिस्पोन्डेड	Responded रिस्पोन्डेड
173	आराम करना	रेस्ट	Rest	Rested रेस्टेड	Rested रेस्टेड
174	पुनःस्थापित करना	रिस्टोर	Restore	Restored रिस्टोर्ड	Restored रिस्टोर्ड

Sr. No.	Meaning	Pronounce	V1 (Base form)	V2 (Simple past)	V3 (Past Participle)
175	नियंत्रित करना / थाम रखना	रिस्ट्रेन	Restrain	Restrained रिस्ट्रेन्ड	Restrained रिस्ट्रेन्ड
176	प्रतिबंध लगाना / सिमित करना	रिस्ट्रिक्ट	Restrict	Restricted रिस्ट्रिक्टेड	Restricted रिस्ट्रिक्टेड
177	पुनःप्रारंभ करना	रिज़्यूम	Resume	Resumed रिज़्यूम्ड	Resumed रिज़्यूम्ड
178	पुनःउपलब्ध कराना	रिसप्लाइ	Resupply	Resupplied रिसप्लाइड	Resupplied रिसप्लाइड
179	फुटकर चीजे बेचना	रिटेइल	Retail	Retailed रिटेइल्ड	Retailed रिटेइल्ड
180	याद रखना / कायम रखना	रिटेइन	Retain	Retained रिटेइन्ड	Retained रिटेइन्ड
181	दोबारा लेना	रिटेक	Retake	Retook रिटुक	Retaken रिटेकन
182	बदला लेना	रिटालिएट	Retaliate	Retaliated रिटालिएटेड	Retaliated रिटालिएटेड
183	निवृत होना	रिटायर	Retire	Retired रिटायर्ड	Retired रिटायर्ड
184	कड़ा उतर देना	रिटोर्ट	Retort	Retorted रिटोर्टेड	Retorted रिटोर्टेड
185	सुधारना / परिष्कार करना	रीटच	Retouch	Retouched रीटच्ड	Retouched रीटच्ड
186	मुकर जाना	रिट्रैक्ट	Retract	Retracted रिट्रेक्टेड	Retracted रिट्रेक्टेड
187	पुनःप्रयास करना	रिट्राइ	Retry	Retried रिट्राइड	Retried रिट्राइड
188	वापस देना / करना	रिटर्न	Return	Returned रिटर्न्ड	Returned रिटर्न्ड
189	वापस आना / जाना / भेजना	रिटर्न	Return	Returned रिटर्न्ड	Returned रिटर्न्ड
190	फिर मिलना / मिलाना	रियूनाइट	Reunite	Reunited रियूनाइटेड	Reunited रियूनाइटेड
191	बताना / प्रकट करना	रिवील	Reveal	Revealed रिवील्ड	Revealed रिवील्ड
192	बदल देना	रिवर्स	Reverse	Reversed रिवर्स्ड	Reversed रिवर्स्ड
193	पीछे की और जाना / चलना	रिवर्स	Reverse	Reversed रिवर्स्ड	Reversed रिवर्स्ड
194	पुनर्विचार करना	रिव्यू	Review	Reviewed रिव्यूड	Reviewed रिव्यूड
195	समीक्षा करना	रिव्यू	Review	Reviewed रिव्यूड	Reviewed रिव्यूड
196	दुबारा जांचना / दुहराना	रिवाइज़	Revise	Revised रिवाइज़्ड	Revised रिवाइज़्ड

Sr. No.	Meaning	Pronounce	V1 (Base form)	V2 (Simple past)	V3 (Past Participle)
197	सुधारना	रिवाइज़	Revise	Revised रिवाइज़्ड	Revised रिवाइज़्ड
198	नए प्राण भर देना	रिवाइटलाइज़	Revitalize	Revitalized रिवाइटलाइज़्ड	Revitalized रिवाइटलाइज़्ड
199	पुनर्जीवित करना	रिवाइव	Revive	Revived रिवाइव्ड	Revived रिवाइव्ड
200	क्रांति लाना	रेवल्युशनाइज	Revolutionize	Revolutionized रेवल्युशनाइज़्ड	Revolutionized रेवल्युशनाइज़्ड
201	इनाम देना	रिवोर्ड	Reward	Rewarded रिवोर्डेड	Rewarded रिवोर्डेड
202	तुकबंदी करना / होना	राइम	Rhyme	Rhymed राइम्ड	Rhymed राइम्ड
203	छुटकारा पाना	रीड	Rid	Rid रीड	Rid रीड
204	सवारी करना / चलाना	राइड	Ride	Rode रोड	Ridden रिडन
205	हसी उड़ाना	रिडिक्यूल	Ridicule	Ridiculed रिडिक्यूल्ड	Ridiculed रिडिक्यूल्ड
206	घंटी बजना / बजाना	रिंग	Ring	Rang रेंग	Rung रंग
207	टेलीफोन करना	रिंग	Ring	Rang रेंग	Rung रंग
208	धो कर साफ करना	रिन्स	Rinse	Rinsed रिन्स्ड	Rinsed रिन्स्ड
209	दंगा करना	रायट	Riot	Rioted रायटेड	Rioted रायटेड
210	चीरना / फाड़ना	रिप	Rip	Ripped रिप्ड	Ripped रिप्ड
211	उठना / उगना / बढ़ना	राइज़	Rise	Rose रोज़	Risen रीज़न
212	प्रगति करना	राइज़	Rise	Rose रोज़	Risen रीज़न
213	इधर-उधर भटकना	रोम	Roam	Roamed रोम्ड	Roamed रोम्ड
214	गरजना / चिल्लाना	रोर	Roar	Roared रोर्ड	Roared रोर्ड
215	सेकना / आलोचना करना	रोस्ट	Roast	Roasted रोस्टेड	Roasted रोस्टेड
216	लूटना	रोब	Rob	Robbed रोब्ड	Robbed रोब्ड
217	हिलना / हिलाना	रोक	Rock	Rocked रोक्ड	Rocked रोक्ड
218	आघात पहुंचना / पहुँचाना	रोक	Rock	Rocked रोक्ड	Rocked रोक्ड

Sr. No.	Meaning	Pronounce	V1 (Base Form)	V2 (Simple past)	V3 (Past Participle)
219	जड़ जमना	रूट	Root	Rooted रूटेड	Rooted रूटेड
220	रस्सी से बांधना	रोप	Rope	Roped रोप्ड	Roped रोप्ड
221	सड़ना / सडाना	रोट	Rot	Rotted रोटेड	Rotted रोटेड
222	घूमना / घूमाना	रोटेट	Rotate	Rotated रोटेटेड	Rotated रोटेटेड
223	खुरदरा करना	रफ	Rough	Roughed रफ्ड	Roughed रफ्ड
224	चक्कर लगाना / गोल करना	राउन्ड	Round	Rounded राउन्डेड	Rounded राउन्डेड
225	उठाना / जगाना	राउज़	Rouse	Roused राउज़्ड	Roused राउज़्ड
226	उत्तेजित करना / उकसाना	राउज़	Rouse	Roused राउज़्ड	Roused राउज़्ड
227	घिसना / रगड़ना / मालिश करना	रब	Rub	Rubbed रब्ड	Rubbed रब्ड
228	नष्ट / बर्बाद करना	रुइन	Ruin	Ruined रुइंड	Ruined रुइंड
229	शासन करना / फैसला देना	रुल	Rule	Ruled रुल्ड	Ruled रुल्ड
230	गड़गड़ाना	रम्बल	Rumble	Rumbled रम्बल्ड	Rumbled रम्बल्ड
231	मनन करना / जुगाली करना	रुमिनेट	Ruminate	Ruminated रुमिनेटेड	Ruminated रुमिनेटेड
232	दौड़ना / संभालना (चलाना)	रन	Run	Ran रेन	Run रन
233	चालू रहना	रन	Run	Ran रेन	Run रन
234	तेजी से भागना	रश	Rush	Rushed रश्ड	Rushed रश्ड
235	जल्दबाजी में काम करना	रश	Rush	Rushed रश्ड	Rushed रश्ड
236	जंग लगना	रस्ट	Rust	Rusted रस्टेड	Rusted रस्टेड

Sr. No.	Meaning	Pronounce	V1 (Base form)	V2 (Simple past)	V3 (Past Participle)
		Verbs starts from Alphabate 'S'			
1	बलिदान देना / करना	सेक्रिफाइस	Sacrifice	Sacrificed सेक्रिफाइस्ड	Sacrificed सेक्रिफाइस्ड
2	जलयात्रा करना	सेइल	Sail	Sailed सेइल्ड	Sailed सेइल्ड
3	जहाज चलाना	सेइल	Sail	Sailed सेइल्ड	Sailed सेइल्ड
4	संतुष्ट करना / होना	सेटिस्फाइ	Satisfy	Satisfied सेटिस्फाइड	Satisfied सेटिस्फाइड
5	रक्षा करना / बचाना	सेव	Save	Saved सेव्ड	Saved सेव्ड
6	स्वाद / खुशबू का आनंद लेना	सेवर	Savor	Savored सेवर्ड	Savored सेवर्ड
7	आरे से काटना	सो	Saw	Sawed सोड	Sawed / Sawn सोड / सोन
8	बोलना / कहना	से	Say	Said सेय्ड	Said सेय्ड
9	चढ़ना (सीडी से / चोटी पर)	स्केल	Scale	Scaled स्केल्ड	Scaled स्केल्ड
10	बारीकी से देखना	स्केन	Scan	Scanned स्केन्ड	Scanned स्केन्ड
11	डरना / डराना	स्केर	Scare	Scared स्केर्ड	Scared स्केर्ड
12	सुगन्धित करना / सूंघना	सेन्ट	Scent	Scented सेन्टेड	Scented सेन्टेड
13	टाइम टेबल बनाना	स्केज्युल	Schedule	Scheduled स्केज्युल्ड	Scheduled स्केज्युल्ड
14	हाँसी उड़ाना	स्कोफ	Scoff	Scoffed स्कोफड	Scoffed स्कोफड
15	बारीकी से देखना	स्कोप	Scope	Scoped स्कोप्ड	Scoped स्कोप्ड
16	बारीकी से योजना बनाना	स्कोप	Scope	Scoped स्कोप्ड	Scoped स्कोप्ड
17	अंक प्राप्त करना / स्कोर करना	स्कोर	Score	Scored स्कोर्ड	Scored स्कोर्ड
18	निकाल देना / फेकना	स्क्रेप	Scrap	Scrapped स्क्रेप्ड	Scrapped स्क्रेप्ड
19	खुरचना / छीलना	स्क्रेप	Scrape	Scraped स्क्रेप्ड	Scraped स्क्रेप्ड
20	चीखना / चिल्लाना	स्क्रीम	Scream	Screamed स्क्रीम्ड	Screamed स्क्रीम्ड

Sr. No.	Meaning	Pronounce	V1 (Base Form)	V2 (Simple past)	V3 (Past Participle)
21	छिपाना / दिखाना / जाँच करना	स्क्रीन	Screen	Screened स्क्रीन्ड	Screened स्क्रीन्ड
22	पेच से कसना	स्क्रू	Screw	Screwed स्क्रूड	Screwed स्क्रूड
23	रगड़ कर साफ करना	स्क्रब	Scrub	Scrubbed स्क्रब्ड	Scrubbed स्क्रब्ड
24	घिसना / हटाना	स्क्रब	Scrub	Scrubbed स्क्रब्ड	Scrubbed स्क्रब्ड
25	बारीकी से जांचना	स्क्रूटिनाइज़	Scrutinize	Scrutinized स्क्रूटिनाइज़्ड	Scrutinized स्क्रूटिनाइज़्ड
26	खोजना / ढूँढना	सर्च	Search	Searched सर्च्ड	Searched सर्च्ड
27	बैठना / बैठाना	सीट	Seat	Seated सीटेड	Seated सीटेड
28	सुरक्षित करना / प्राप्त करना	सिक्योर	Secure	Secured सिक्योर्ड	Secured सिक्योर्ड
29	लुभाना / बहकाना	सिड्यूस	Seduce	Seduced सिड्यूस्ड	Seduced सिड्यूस्ड
30	बीज बोना	सो	Sow	Sowed सोड	Sown सोन
31	देखना / मिलना / दर्शन करना	सी	See	Saw सो	Seen सीन
32	समझना / कल्पना करना	सी	See	Saw सो	Seen सीन
33	तलाश करना / मांगना	सीक	Seek	Sought सोट	Sought सोट
34	पाने का प्रयास करना	सीक	Seek	Sought सोट	Sought सोट
35	प्रतीत होना / दिखाई पड़ना	सीम	Seem	Seemed सीम्ड	Seemed सीम्ड
36	जब्त करना / छीन लेना	सीज़	Seize	Seized सीज़्ड	Seized सीज़्ड
37	चुनना	सिलेक्ट	Select	Selected सिलेक्टेड	Selected सिलेक्टेड
38	बेचना	सेल	Sell	Sold सोल्ड	Sold सोल्ड
39	विचार /योजना के लिए मनाना	सेल	Sell	Sold सोल्ड	Sold सोल्ड
40	भेजना	सेन्ड	Send	Sent सेन्ट	Sent सेन्ट
41	सज़ा देना / फैसला सुनाना	सेन्टेन्स	Sentence	Sentenced सेन्टेन्स्ड	Sentenced सेन्टेन्स्ड
42	अलग होना / करना	सेपरेट	Separate	Separated सेपरेटेड	Separated सेपरेटेड

Sr. No.	Meaning	Pronounce	V1 (Base form)	V2 (Simple past)	V3 (Past Participle)
43	परोसना / क़ानूनी कारवाई करना	सर्व	Serve	Served सर्व्ड	Served सर्व्ड
44	काम करना / सेवा करना	सर्व	Serve	Served सर्व्ड	Served सर्व्ड
45	ठीक करना / स्थापित करना	सेट	Set	Set सेट	Set सेट
46	रहना / समाधान करना	सेटल	Settle	Settled सेटल्ड	Settled सेटल्ड
47	निर्धारित करना / बसना	सेटल	Settle	Settled सेटल्ड	Settled सेटल्ड
48	सिलाई करना	सो	Sew	Sewed सोड	Sewed / Sewn सोड/ सोन
49	हिलना / हिलाना	शेक	Shake	Shook शुक	Shaken शेकन
50	विचलित / भयभीत करना	शेक	Shake	Shook शुक	Shaken शेकन
51	आकार देना / ढालना	शेप	Shape	Shaped शेप्ड	Shaped शेप्ड
52	बांटना / बताना	शेर	Share	Shared शेर्ड	Shared शेर्ड
53	दाढ़ी बनाना / काटना	शेव	Shave	Shaved शेव्ड	Shaved शेव्ड
54	गिरा देना / उतारना	शेड	Shed	Shed शेड	Shed शेड
55	छुटकारा पाना	शेड	Shed	Shed शेड	Shed शेड
56	खिसकना / खिसकाना	शिफ्ट	Shift	Shifted शिफ्टेड	Shifted शिफ्टेड
57	विचार / अभिगम बदलना	शिफ्ट	Shift	Shifted शिफ्टेड	Shifted शिफ्टेड
58	चमकना / प्रकाशित करना	शाइन	Shine	Shone/Shined शाइन्ड / शोन	Shone/Shined शाइन्ड / शोन
59	जहाज से भेजना	शिप	Ship	Shipped शिप्ड	Shipped शिप्ड
60	सदमा पहुंचना / पहुँचाना	शोक	Shock	Shocked शोक्ड	Shocked शोक्ड
61	झटका लगना / अप्रसन्न करना	शोक	Shock	Shocked शोक्ड	Shocked शोक्ड
62	हथियार / बन्दुक चलाना	शूट	Shoot	Shot शॉट	Shot शॉट
63	गोली मारना	शूट	Shoot	Shot शॉट	Shot शॉट
64	फिल्म बनाना / फोटो लेना	शूट	Shoot	Shot शॉट	Shot शॉट

Sr. No.	Meaning	Pronounce	V1 (Base Form)	V2 (Simple past)	V3 (Past Participle)
65	खरीददारी करना	शोप	Shop	Shopped शोप्ड	Shopped शोप्ड
66	कम करना / होना	शोर्टन	Shorten	Shortened शोटर्न्ड	Shortened शोटर्न्ड
67	छोटा करना / होना	शोर्टन	Shorten	Shortened शोटर्न्ड	Shortened शोटर्न्ड
68	चिल्लाना / पुकारना	शाउट	Shout	Shouted शाउटेड	Shouted शाउटेड
69	फावड़ा चलाना	शोवेल	Shovel	Shoveled शोवेल्ड	Shoveled शोवेल्ड
70	दिखाना / प्रमाणित करना	शो	Show	Showed शोड	Shown शोन
71	प्रदर्शित करना	शोकेस	Showcase	Showcased शोकेस्ड	Showcased शोकेस्ड
72	बरसना / नहाना	शावर	Shower	Showered शावर्ड	Showered शावर्ड
73	सिकुड़ना / सिकोड़ना	श्रिंक	Shrink	Shrank श्रेंक	Shrunk श्रंक
74	पीछे हटना / खिसक जाना	श्रिंक	Shrink	Shrank श्रेंक	Shrunk श्रंक
75	कन्धा ऊपर करना	श्रग	Shrug	Shrugged श्रग्ड	Shrugged श्रग्ड
76	बंद करना / होना	शट	Shut	Shut शट	Shut शट
77	हस्ताक्षर / इशारा करना	साइन	Sign	Signed साइन्ड	Signed साइन्ड
78	सौदा करना	साइन	Sign	Signed साइन्ड	Signed साइन्ड
79	संकेत / इशारा करना	सिग्नल	Signal	Signaled सिग्नल्ड	Signaled सिग्नल्ड
80	व्यक्त / सूचित करना	सिग्नीफाइ	Signify	Signified सिग्नीफाइड	Signified सिग्नीफाइड
81	अर्थ होना / बतलाना	सिग्नीफाइ	Signify	Signified सिग्नीफाइड	Signified सिग्नीफाइड
82	स्पष्ट / सरल करना	सिम्प्लिफाइ	Simplify	Simplified सिम्प्लिफाइड	Simplified सिम्प्लिफाइड
83	गाना	सींग	Sing	Sang सेंग	Sung संग
84	डूबना / डुबाना / घटना	सिंक	Sink	Sank सेंक	Sunk संक
85	बैठना / बैठाना	सीट	Sit	Sat सेट	Sat सेट
86	स्केटिंग करना	स्केट	Skate	Skated स्केटेड	Skated स्केटेड

Sr. No.	Meaning	Pronounce	V1 (Base Form)	V2 (Simple past)	V3 (Past Participle)
87	स्की करना	स्की	Ski	Skied स्कीड	Skied स्कीड
88	हत्या / वध करना	स्लोटर	Slaughter	Slaughtered स्लोटर्ड	Slaughtered स्लोटर्ड
89	मार डालना / इम्प्रेस करना	स्ले	Slay	Slayed स्लेय्ड	Slayed स्लेय्ड
90	सोना	स्लीप	Sleep	Slept स्लेप्ट	Slept स्लेप्ट
91	फिसलना / फिसलाना	स्लाइड	Slide	Slid स्लिड	Slid स्लिड
92	सरकना / खिसकना	स्लाइड	Slide	Slid स्लिड	Slid स्लिड
93	फिसलना / गिरना	स्लिप	Slip	Slipped स्लिप्ड	Slipped स्लिप्ड
94	धीमा करना / पड़ना	स्लो	Slow	Slowed स्लोड	Slowed स्लोड
95	टुकड़े टुकड़े करना	स्मेश	Smash	Smashed स्मेश्ड	Smashed स्मेश्ड
96	टकराना / जोर से मारना	स्मेश	Smash	Smashed स्मेश्ड	Smashed स्मेश्ड
97	पोतना / लगाना	स्मीअर	Smear	Smeared स्मीअर्ड	Smeared स्मीअर्ड
98	गंध का अनुभव करना	स्मेल	Smell	Smelt/Smelled स्मेल्ड / स्मेल्ट	Smelt/Smelled स्मेल्ड / स्मेल्ट
99	सूंघना / पहचानना	स्मेल	Smell	Smelt/Smelled स्मेल्ड / स्मेल्ट	Smelt/Smelled स्मेल्ड / स्मेल्ट
100	मुस्कुराना	स्माइल	Smile	Smiled स्माइल्ड	Smiled स्माइल्ड
101	धूम्रपान करना / धुआँ लगाना	स्मोक	Smoke	Smoked स्मोक्ड	Smoked स्मोक्ड
102	छींकना	स्नीज़	Sneeze	Sneezed स्नीज़्ड	Sneezed स्नीज़्ड
103	खर्राटे लेना	स्नोर	Snore	Snored स्नोर्ड	Snored स्नोर्ड
104	बर्फ गिरना	स्नो	Snow	Snowed स्नोड	Snowed स्नोड
105	उचे उड़ना / तेजी से बढ़ना	सोर	Soar	Soared सोर्ड	Soared सोर्ड
106	हल करना	सोल्व	Solve	Solved सोल्व्ड	Solved सोल्व्ड
107	क्रमबद्ध / वर्गीकृत करना	सोर्ट	Sort	Sorted सोर्टेड	Sorted सोर्टेड
108	बजाना / उच्चारण करना / लगना	साउन्ड	Sound	Sounded साउन्डेड	Sounded साउन्डेड

Sr. No.	Meaning	Pronounce	V1 (Base form)	V2 (Simple past)	V3 (Past Participle)
109	चिंगारी लगाना / भड़काना	स्पार्क	Spark	Sparked स्पार्क्ड	Sparked स्पार्क्ड
110	चमकना / जगमगाना	स्पार्कल	Sparkle	Sparkled स्पार्कल्ड	Sparkled स्पार्कल्ड
111	बोलना / बताना	स्पीक	Speak	Spoke स्पोक	Spoken स्पोकन
112	विशेषज्ञता प्राप्त करना	स्पेशियलाइज़	Specialize	Specialized स्पेशियलाइज़्ड	Specialized स्पेशियलाइज़्ड
113	तेज करना / तेजी से चलाना	स्पीड	Speed	Sped / Speeded स्पेड / स्पीडेड	Sped / Speeded स्पेड / स्पीडेड
114	उच्चारण करना / लिखना	स्पेल	Spell	Spelled/Spelt स्पेल्ड / स्पेल्ट	Spelled/Spelt स्पेल्ड / स्पेल्ट
115	सूचित करना / बारी से काम करना	स्पेल	Spell	Spelled/Spelt स्पेल्ड / स्पेल्ट	Spelled/Spelt स्पेल्ड / स्पेल्ट
116	समय बिताना / खर्च करना	स्पेन्ड	Spend	Spent स्पेन्ट	Spent स्पेन्ट
117	छलकना / गिराना / फैल जाना	स्पिल	Spill	Spilled/Spilt स्पिल्ड / स्पिल्ट	Spilled/Spilt स्पिल्ड / स्पिल्ट
118	घूमना / घुमाना	स्पिन	Spin	Span/Spun स्पेन / स्पन	Spun स्पन
119	थूकना	स्पिट	Spit	Spat स्पेट	Spat स्पेट
120	चीरना / विभाजित होना/करना	स्प्लिट	Split	Split स्प्लिट	Split स्प्लिट
121	ख़राब करना / बिगड़ना	स्पोइल	Spoil	Spoilt/Spoiled स्पोइल्ड / स्पोइल्ट	Spoilt/Spoiled स्पोइल्ड / स्पोइल्ट
122	आनंद के लिए कोइ काम करना	स्पोइल	Spoil	Spoilt/Spoiled स्पोइल्ड / स्पोइल्ट	Spoilt/Spoiled स्पोइल्ड / स्पोइल्ट
123	मोच आना / करना	स्प्रेइन	Sprain	Sprained स्प्रेइन्ड	Sprained स्प्रेइन्ड
124	छिड़कना / स्प्रे करना	स्प्रे	Spray	Sprayed स्प्रेय्ड	Sprayed स्प्रेय्ड
125	फैलना / फैलाना	स्प्रेड	Spread	Spread स्प्रेड	Spread स्प्रेड
126	दबाना / कुचलना	स्क्वीज़	Squeeze	Squeezed स्क्वीज़्ड	Squeezed स्क्वीज़्ड
127	स्थिर होना / करना	स्टेबलाइज़	Stabilize	Stabilized स्टेबलाइज़्ड	Stabilized स्टेबलाइज़्ड
128	मुहर लगाना / पैर पटकना	स्टेम्प	Stamp	Stamped स्टेम्प्ड	Stamped स्टेम्प्ड
129	रखना / खडा होना/रहना	स्टेन्ड	Stand	Stood स्टूड	Stood स्टूड

Sr. No.	Meaning	Pronounce	V1 (Base form)	V2 (Simple past)	V3 (Past Participle)
130	सहन करना / पहले जैसे होना	स्टेन्ड	Stand	Stood स्टूड	Stood स्टूड
131	उचाई होना	स्टेन्ड	Stand	Stood स्टूड	Stood स्टूड
132	ताकना / घूरना	स्टेर	Stare	Stared स्टेर्ड	Stared स्टेर्ड
133	शुरू करना	स्टार्ट	Start	Started स्टार्टेड	Started स्टार्टेड
134	प्रेरित करना / चौका देना	स्टार्टल	Startle	Startled स्टार्टल्ड	Startled स्टार्टल्ड
135	कहना / बताना / व्यक्त करना	स्टेट	State	Stated स्टेटेड	Stated स्टेटेड
136	रहना / रुकना / टिकना	स्टे	Stay	Stayed स्टेय्ड	Stayed स्टेय्ड
137	चुराना / चोरी करना	स्टील	Steal	Stole स्टोल	Stolen स्टोलन
138	काबूमें करना / बहाव रोकना	स्टेम	Stem	Stemmed स्टेम्ड	Stemmed स्टेम्ड
139	कीटाणुरहित बनाना	स्टेरलाइज	Sterilize	Sterilized स्टेरलाइज्ड	Sterilized स्टेरलाइज्ड
140	बाँझ बनाना	स्टेरलाइज	Sterilize	Sterilized स्टेरलाइज्ड	Sterilized स्टेरलाइज्ड
141	चिपकाना / चुभाना	स्टिक	Stick	Stuck स्टक	Stuck स्टक
142	फसना / अटकना	स्टिक	Stick	Stuck स्टक	Stuck स्टक
143	डंक मारना / तीव्र पीड़ा देना	स्टिंग	Sting	Stung स्टंग	Stung स्टंग
144	बदबू मारना	स्टिंक	Stink	Stank स्टेंक	Stunk स्टंक
145	सिलाई करना / टाका लगाना	स्टीच	Stitch	Stitched स्टीच्ड	Stitched स्टीच्ड
146	बंद होना / करना	स्टोप	Stop	Stopped स्टोप्ड	Stopped स्टोप्ड
147	अटकना / अटकाना	स्टोप	Stop	Stopped स्टोप्ड	Stopped स्टोप्ड
148	संग्रह करना / बचा रखना	स्टोर	Store	Stored स्टोर्ड	Stored स्टोर्ड
149	सरल / कारगर बनाना	स्ट्रीमलाइन	Streamline	Streamlined स्ट्रीमलाइन्ड	Streamlined स्ट्रीमलाइन्ड
150	मजबूत बनना / बनाना	स्ट्रेन्थन	Strengthen	Strengthened स्ट्रेन्थन्ड	Strengthened स्ट्रेन्थन्ड
151	महत्व देना / जोर देना	स्ट्रेस	Stress	Stressed स्ट्रेस्ड	Stressed स्ट्रेस्ड

Sr. No.	Meaning	Pronounce	V1 (Base Form)	V2 (Simple past)	V3 (Past Participle)
152	प्रहार करना / टकराना	स्ट्राइक	Strike	Struck स्ट्रक	Struck स्ट्रक
153	हड़ताल करना	स्ट्राइक	Strike	Struck स्ट्रक	Struck स्ट्रक
154	अचानक मन में आना	स्ट्राइक	Strike	Struck स्ट्रक	Struck स्ट्रक
155	वस्तु को रस्सी से बांधना	स्ट्रिंग	String	Strung स्ट्रंग	Strung स्ट्रंग
156	कपडे उतारना	स्ट्रिप	Strip	Stripped स्ट्रिप्ड	Stripped स्ट्रिप्ड
157	ले लेना / हटा देना	स्ट्रिप	Strip	Stripped स्ट्रिप्ड	Stripped स्ट्रिप्ड
158	कठोर परिश्रम करना	स्ट्राइव	Strive	Strived स्ट्राइव्ड	Strived स्ट्राइव्ड
159	जूझना / संघर्ष करना	स्ट्रगल	Struggle	Struggled स्ट्रगल्ड	Struggled स्ट्रगल्ड
160	पढ़ना / परिक्षण करना	स्टडी	Study	Studied स्टडीड	Studied स्टडीड
161	ठोकर खाना / गलती करना	स्टम्बल	Stumble	Stumbled स्टम्बल्ड	Stumbled स्टम्बल्ड
162	पेश करना / मान लेना	सब्मिट	Submit	Submitted सब्मिटेड	Submitted सब्मिटेड
163	आर्थिक सहायता देना	सब्सिडाइज	Subsidize	Subsidized सब्सिडाइज्ड	Subsidized सब्सिडाइज्ड
164	बदलना / एवज में रखना	सब्स्टीट्यूट	Substitute	Substituted सब्स्टीट्यूटेड	Substituted सब्स्टीट्यूटेड
165	सफल होना / की जगह आना	सक्सीड	Succeed	Succeeded सक्सीडेड	Succeeded सक्सीडेड
166	सहन करना / कष्ट भुगतना	सफर	Suffer	Suffered सफर्ड	Suffered सफर्ड
167	बदतर होना	सफर	Suffer	Suffered सफर्ड	Suffered सफर्ड
168	सलाह / सुझाव देना	सजेस्ट	Suggest	Suggested सजेस्टेड	Suggested सजेस्टेड
169	संकेत करना / जताना	सजेस्ट	Suggest	Suggested सजेस्टेड	Suggested सजेस्टेड
170	सारांश निकालना	समराइज़	Summarize	Summarized समराइज़्ड	Summarized समराइज़्ड
171	निरिक्षण / संचालन करना	सुपरवाइज़	Supervise	Supervised सुपरवाइज़्ड	Supervised सुपरवाइज़्ड
172	उपलब्ध कराना / देना	सप्लाइ	Supply	Supplied सप्लाइड	Supplied सप्लाइड
173	समर्थन / सहायता करना	सपोर्ट	Support	Supported सपोर्टेड	Supported सपोर्टेड

Sr. No.	Meaning	Pronounce	V1 (Base form)	V2 (Simple past)	V3 (Past Participle)
174	भरण-पोषण करना	सपोर्ट	Support	Supported सपोर्टेड	Supported सपोर्टेड
175	अंदाज / अनुमान लगाना	सपोज़	Suppose	Supposed सपोज़्ड	Supposed सपोज़्ड
176	से बेहतर परिणाम देना	सरपास	Surpass	Surpassed सरपास्ड	Surpassed सरपास्ड
177	आश्चर्यचकित करना	सप्राइज़	Surprise	Surprised सप्राइज़्ड	Surprised सप्राइज़्ड
178	आत्मसमर्पण करना	सरेन्डर	Surrender	Surrendered सरेन्डर्ड	Surrendered सरेन्डर्ड
179	चारो और से घेरना / घिरना	सराउन्ड	Surround	Surrounded सराउन्डेड	Surrounded सराउन्डेड
180	अवलोकन करना	सर्वे	Survey	Surveyed सर्वेड	Surveyed सर्वेड
181	बच जाना / जीवित रहना	सर्वाइव	Survive	Survived सर्वाइव्ड	Survived सर्वाइव्ड
182	लटकाना / स्थगित करना	सस्पेन्ड	Suspend	Suspended सस्पेन्डेड	Suspended सस्पेन्डेड
183	हटाना	सस्पेन्ड	Suspend	Suspended सस्पेन्डेड	Suspended सस्पेन्डेड
184	जारी रखना / भुगतना	सस्टेइन	Sustain	Sustained सस्टेइन्ड	Sustained सस्टेइन्ड
185	निगलना / जल्द विश्वास करना	स्वालो	Swallow	Swallowed स्वालोड	Swallowed स्वालोड
186	सहन करना / समाप्त करना	स्वालो	Swallow	Swallowed स्वालोड	Swallowed स्वालोड
187	अदला-बदली करना	स्वेप	Swap	Swapped स्वेप्ड	Swapped स्वेप्ड
188	कसम खाना / गाली देना	स्वेर	Swear	Swore स्वोर	Sworn स्वोर्न
189	कड़ा परिश्रम करना	स्वेट	Sweat	Sweated स्वेटेड	Sweated स्वेटेड
190	पसीना आना	स्वेट	Sweat	Sweated स्वेटेड	Sweated स्वेटेड
191	साफ करना / हटाना	स्वीप	Sweep	Swept स्वेप्ट	Swept स्वेप्ट
192	तेजी से गुजर जाना	स्वीप	Sweep	Swept स्वेप्ट	Swept स्वेप्ट
193	फूलना / फुलाना / सुजना	स्वेल	Swell	Swelled स्वेल्ड	Swelled स्वेल्ड
194	संख्या में बढ़ना / बढ़ाना	स्वेल	Swell	Swelled स्वेल्ड	Swelled स्वेल्ड
195	कद में बढ़ना / बढ़ाना	स्वेल	Swell	Swelled स्वेल्ड	Swelled स्वेल्ड

Sr. No.	Meaning	Pronounce	V1 (Base Form)	V2 (Simple past)	V3 (Past Participle)
196	तैरना	स्विम	Swim	Swam स्वेम	Swum स्वम
197	झुलना / झुलाना	स्विंग	Swing	Swung स्वंग	Swung स्वंग
198	का प्रतिक होना	सिम्बोलाइज़	Symbolize	Symbolized सिम्बोलाइज़्ड	Symbolized सिम्बोलाइज़्ड
199	हमदर्दी जाताना / समर्थन कारना	सिम्पथाइज	Sympathize	Sympathized सिम्पथाइज़्ड	Sympathized सिम्पथाइज़्ड
200	एक ही समय में होना/करना	सिन्क्रोनाइज़	Synchronize	Synchronized सिन्क्रोनाइज़्ड	Synchronized सिन्क्रोनाइज़्ड
201	कृत्रिम उत्पादन करना / समन्वय करना	सिंथसाइज़	Synthesize	Synthesized सिंथसाइज़्ड	Synthesized सिंथसाइज़्ड

Sr. No.	Meaning	Pronounce	V1 (Base form)	V2 (Simple past)	V3 (Past Participle)
	Verbs starts from Alphabate 'T'				
1	सामना करना / निपटना	टेकल	Tackle	Tackled टेकल्ड	Tackled टेकल्ड
2	लेबल लगाना / जोड़ना	टेग	Tag	Tagged टेग्ड	Tagged टेग्ड
3	पीछा करना	टेल	Tail	Tailed टेल्ड	Tailed टेल्ड
4	लेना / ले जाना	टेक	Take	Took टूक	Taken टेकन
5	बातचीत करना / बोलना	टोक	Talk	Talked टोक्ड	Talked टोक्ड
6	गिनती करना / मेल खाना	टेली	Tally	Tallied टेलीड	Tallied टेलीड
7	पालतू बनाना / वश में करना	टेम	Tame	Tamed टेम्ड	Tamed टेम्ड
8	दखल करना / छेड़छाड़ करना	टेम्पर	Tamper	Tampered टेम्पर्ड	Tampered टेम्पर्ड
9	धुप से झुलस जाना	टेन	Tan	Tanned टेन्ड	Tanned टेन्ड
10	उलझना / उलझाना	टेंगल	Tangle	Tangled टेंगल्ड	Tangled टेंगल्ड
11	थपथपाना / धीरे से मारना	टेप	Tap	Tapped टेप्ड	Tapped टेप्ड
12	खटखटाना / निकालना	टेप	Tap	Tapped टेप्ड	Tapped टेप्ड
13	ऊपर की और पतला होता जाना	टेपर	Taper	Tapered टेपर्ड	Tapered टेपर्ड
14	धुंधला होना / मंद पड़ना	टार्निश	Tarnish	Tarnished टार्निश्ड	Tarnished टार्निश्ड
15	कलंकित करना	टार्निश	Tarnish	Tarnished टार्निश्ड	Tarnished टार्निश्ड
16	स्वाद आना / लेना	टेस्ट	Taste	Tasted टेस्टेड	Tasted टेस्टेड
17	टेटू लगाना	टैटू	Tattoo	Tattooed टैटूड	Tattooed टैटूड
18	ताना मारना / निंदा करना	टोन्ट	Taunt	Taunted टोन्टेड	Taunted टोन्टेड
19	कर लगाना	टेक्स	Tax	Taxed टेक्स्ड	Taxed टेक्स्ड
20	सिखाना / पढ़ाना	टीच	Teach	Taught टोट	Taught टोट

Sr. No.	Meaning	Pronounce	V1 (Base Form)	V2 (Simple past)	V3 (Past Participle)
21	टोली / जोड़ी बनाना	टीम	Team	Teamed टीम्ड	Teamed टीम्ड
22	फाड़ना / चीरना	टेअर	Tear	Tore टोर	Torn टोर्न
23	चिढ़ाना / परेशान करना	टीज़	Tease	Teased टीज़्ड	Teased टीज़्ड
24	तार से समाचार करना	टेलीग्राफ	Telegraph	Telegraphed टेलीग्राफड	Telegraphed टेलीग्राफड
25	फोन करना	टेलीफोन	Telephone	Telephoned टेलीफोन्ड	Telephoned टेलीफोन्ड
26	बताना / कहना / बोलना	टेल	Tell	Told टोल्ड	Told टोल्ड
27	ठंडा करना	टेम्पर	Temper	Tempered टेम्पर्ड	Tempered टेम्पर्ड
28	कम / शांत करना	टेम्पर	Temper	Tempered टेम्पर्ड	Tempered टेम्पर्ड
29	ललचाना / आकर्षित करना	टेम्प्ट	Tempt	Tempted टेम्प्टेड	Tempted टेम्प्टेड
30	की और अभिमुख होना	टेन्ड	Tend	Tended टेन्डेड	Tended टेन्डेड
31	देखभाल करना	टेन्ड	Tend	Tended टेन्डेड	Tended टेन्डेड
32	प्रस्तुत करना / अदा करना	टेन्डर	Tender	Tendered टेन्डर्ड	Tendered टेन्डर्ड
33	कहना / परिभाषा देना	टर्म	Term	Termed टर्म्ड	Termed टर्म्ड
34	समाप्त करना / होना	टर्मिनेट	Terminate	Terminated टर्मिनेटेड	Terminated टर्मिनेटेड
35	डराना / खौफ में डालना	टेरिफाइ	Terrify	Terrified टेरिफाइड	Terrified टेरिफाइड
36	आतंक / दहशत फैलाना	टेराइज़	Terrorize	Terrorized टेराइज़्ड	Terrorized टेराइज़्ड
37	कसोटी लेना / जांचना	टेस्ट	Test	Tested टेस्टेड	Tested टेस्टेड
38	गवाही देना / प्रमाण प्रस्तुत करना	टेस्टीफाइ	Testify	Testified टेस्टीफाइड	Testified टेस्टीफाइड
39	लिखित संदेश भेजना	टेक्स्ट	Text	Texted टेक्स्टेड	Texted टेक्स्टेड
40	आभार मानना	थेंक	Thank	Thanked थेंक्ड	Thanked थेंक्ड
41	सिद्धांत बनाना	थिअराइज़	Theorize	Theorized थिअराइज़्ड	Theorized थिअराइज़्ड
42	गाढ़ा करना / होना	थिकन	Thicken	Thickened थिकन्ड	Thickened थिकन्ड

Sr. No.	Meaning	Pronounce	V1 (Base Form)	V2 (Simple past)	V3 (Past Participle)
43	मोटा होना / करना	थिकन	Thicken	Thickened थिकन्ड	Thickened थिकन्ड
44	पतला होना / करना	थिन	Thin	Thinned थिन्ड	Thinned थिन्ड
45	कम घना होना / करना	थिन	Thin	Thinned थिन्ड	Thinned थिन्ड
46	सोचना / तय करना	थिंक	Think	Thought थोट	Thought थोट
47	गुथना / घा पिरोना	थ्रेड	Thread	Threaded थ्रेडेड	Threaded थ्रेडेड
48	धमकी देना / डराना	थ्रेटन	Threaten	Threatened थ्रेटन्ड	Threatened थ्रेटन्ड
49	उत्तेजित होना / रोमांचित करना	थ्रिल	Thrill	Thrilled थ्रिल्ड	Thrilled थ्रिल्ड
50	फालना-फूलना / उन्नति करना	थ्राइव	Thrive	Thrived थ्राइव्ड	Thrived थ्राइव्ड
51	गला घोंटना	थ्रोटल	Throttle	Throttled थ्रोटल्ड	Throttled थ्रोटल्ड
52	फेंकना / परिस्थिति में रखना	थ्रो	Throw	Threw थ्रू	Thrown थ्रोन
53	पलटना / दबाना	थम	Thumb	Thumbed थम्ड	Thumbed थम्ड
54	गड़गड़ाना / गरजना	थंडर	Thunder	Thundered थंडर्ड	Thundered थंडर्ड
55	जोर जोर से बोलना	थंडर	Thunder	Thundered थंडर्ड	Thundered थंडर्ड
56	विफल करना / नाकाम करना	थ्वोट	Thwart	Thwarted थ्वोटेड	Thwarted थ्वोटेड
57	निशान लगाना	टिक	Tick	Ticked टिक्ड	Ticked टिक्ड
58	टिकटिक करना	टिक	Tick	Ticked टिक्ड	Ticked टिक्ड
59	गुदगुदी करना / खुश करना	टिकल	Tickle	Tickled टिकल्ड	Tickled टिकल्ड
60	साफ / सुव्यवस्थित करना	टाइडी	Tidy	Tidied टाइडीड	Tidied टाइडीड
61	बांधना	टाइ	Tie	Tied टाइड	Tied टाइड
62	एक और झुकना / झुकाना	टिल्ट	Tilt	Tilted टिल्टेड	Tilted टिल्टेड
63	समय देखना / निश्चित करना	टाइम	Time	Timed टाइम्ड	Timed टाइम्ड
64	हल्का रंग चढ़ाना	टिन्ट	Tint	Tinted टिन्टेड	Tinted टिन्टेड

Sr. No.	Meaning	Pronounce	V1 (Base Form)	V2 (Simple past)	V3 (Past Participle)
65	एक और उठना / उठाना	टिप	Tip	Tipped टिप्ड	Tipped टिप्ड
66	टिप देना	टिप	Tip	Tipped टिप्ड	Tipped टिप्ड
67	झुका के निकालना	टिप	Tip	Tipped टिप्ड	Tipped टिप्ड
68	थकना / थकाना	टायर	Tire	Tired टायर्ड	Tired टायर्ड
69	सेंकना / भूनना	टोस्ट	Toast	Toasted टोस्टेड	Toasted टोस्टेड
70	के सम्मान में पीना	टोस्ट	Toast	Toasted टोस्टेड	Toasted टोस्टेड
71	सहन करना	टोलरेट	Tolerate	Tolerated टोलरेटेड	Tolerated टोलरेटेड
72	शरीर को सुदृढ़ बनाना	टोन	Tone	Toned टोन्ड	Toned टोन्ड
73	अधिक होना / शिखर पर पहुंचना	टोप	Top	Topped टॉप्ड	Topped टॉप्ड
74	लुढ़क जाना / गिर जाना	टोपल	Topple	Toppled टोपल्ड	Toppled टोपल्ड
75	पद को खोना	टोपल	Topple	Toppled टोपल्ड	Toppled टोपल्ड
76	यातना देना / कष्ट देना	टोरमेंट	Torment	Tormented टोरमेंटेड	Tormented टोरमेंटेड
77	घोर यातना देना	टोर्चर	Torture	Tortured टोर्चर्ड	Tortured टोर्चर्ड
78	फेकना / सिक्का उछालना	टोस	Toss	Tossed टोस्ड	Tossed टोस्ड
79	हिलना / हिलाना	टोस	Toss	Tossed टोस्ड	Tossed टोस्ड
80	जोड़ लगाना	टोटल	Total	Totaled टोटल्ड	Totaled टोटल्ड
81	छूना / के जैसा निपुण होना	टच	Touch	Touched टच्ड	Touched टच्ड
82	मजबूत/कड़ा होना/करना	टफन	Toughen	Toughened टफन्ड	Toughened टफन्ड
83	खींच कर ले जाना	टो	Tow	Towed टोड	Towed टोड
84	पता लगाना / ढूँढना	ट्रेस	Trace	Traced ट्रेस्ड	Traced ट्रेस्ड
85	पीछा करना / पता लगाना	ट्रैक	Track	Tracked ट्रैक्ड	Tracked ट्रैक्ड
86	व्यापार करना	ट्रेड	Trade	Traded ट्रेडेड	Traded ट्रेडेड

Sr. No.	Meaning	Pronounce	V1 (Base form)	V2 (Simple past)	V3 (Past Participle)
87	लेन-देन करना	ट्रेड	Trade	Traded ट्रेडेड	Traded ट्रेडेड
88	खेल में पीछे रह जाना	ट्रेइल	Trail	Trailed ट्रेल्ड	Trailed ट्रेल्ड
89	थके हुए चलना	ट्रेइल	Trail	Trailed ट्रेइल्ड	Trailed ट्रेइल्ड
90	पीछे घसीटते जाना / खींचना	ट्रेइल	Trail	Trailed ट्रेइल्ड	Trailed ट्रेइल्ड
91	तालीम देना / लेना	ट्रेन	Train	Trained ट्रेन्ड	Trained ट्रेन्ड
92	से श्रेष्ठ बनना / आगे जाना	ट्रांसेन्ड	Transcend	Transcended ट्रांसेन्डेड	Transcended ट्रांसेन्डेड
93	बदली करना	ट्रान्सफर	Transfer	Transferred ट्रान्सफर्ड	Transferred ट्रान्सफर्ड
94	सोपना/बदलना	ट्रान्सफर	Transfer	Transferred ट्रान्सफर्ड	Transferred ट्रान्सफर्ड
95	पूर्ण परिवर्तन करना	ट्रान्सफोर्म	Transform	Transformed ट्रान्सफोर्ड	Transformed ट्रान्सफोर्ड
96	अनुवाद करना	ट्रान्सलेट	Translate	Translated ट्रान्सलेटेड	Translated ट्रान्सलेटेड
97	प्रसारित करना / संक्रमित करना	ट्रान्समिट	Transmit	Transmitted ट्रान्समिटेड	Transmitted ट्रान्समिटेड
98	दूसरे स्थान पर लगाना	ट्रान्सप्लान्ट	Transplant	Transplanted ट्रान्सप्लान्टेड	Transplanted ट्रान्सप्लान्टेड
99	परिवहन करना / ले जाना	ट्रान्सपोर्ट	Transport	Transported ट्रान्सपोर्टेड	Transported ट्रान्सपोर्टेड
100	बदलना / जगह बदलना	ट्रान्स्पोज़	Transpose	Transposed ट्रान्स्पोज़्ड	Transposed ट्रान्स्पोज़्ड
101	फ़साना / पकड़ना	ट्रेप	Trap	Trapped ट्रेप्ड	Trapped ट्रेप्ड
102	छल से काम कराना	ट्रेप	Trap	Trapped ट्रेप्ड	Trapped ट्रेप्ड
103	यात्रा करना / घूमना	ट्रावेल	Travel	Travelled ट्रावेल्ड	Travelled ट्रावेल्ड
104	बहुमूल्य समझना	ट्रेशर	Treasure	Treasured ट्रेशर्ड	Treasured ट्रेशर्ड
105	बर्ताव करना / इलाज करना	ट्रीट	Treat	Treated ट्रीटेड	Treated ट्रीटेड
106	खास / आनंददायक चीज देना	ट्रीट	Treat	Treated ट्रीटेड	Treated ट्रीटेड
107	थरथराना / काँपना	ट्रेम्बल	Tremble	Trembled ट्रेम्बल्ड	Trembled ट्रेम्बल्ड
108	अनधिकार प्रवेश करना	ट्रेसपास	Trespass	Trespassed ट्रेसपास्ड	Trespassed ट्रेसपास्ड

Sr. No.	Meaning	Pronounce	V1 (Base Form)	V2 (Simple past)	V3 (Past Participle)
109	ठगना / चकमा देना	ट्रिक	Trick	Tricked ट्रिक्ड	Tricked ट्रिक्ड
110	सक्रिय करना / घोडा दबाना	ट्रिगर	Trigger	Triggered ट्रिगर्ड	Triggered ट्रिगर्ड
111	तराशना / कलम करना	ट्रिम	Trim	Trimmed ट्रिम्ड	Trimmed ट्रिम्ड
112	काटना / सुव्यवस्थित करना	ट्रिम	Trim	Trimmed ट्रिम्ड	Trimmed ट्रिम्ड
113	ठोकर खाना / देना	ट्रिप	Trip	Tripped ट्रिप्ड	Tripped ट्रिप्ड
114	तिगुना होना / करना	ट्रिपल	Triple	Tripled ट्रिपल्ड	Tripled ट्रिपल्ड
115	सफल होना / विजय पाना	ट्रायम्प	Triumph	Triumphed ट्रायम्प्ड	Triumphed ट्रायम्प्ड
116	परेशान करना / कष्ट देना	ट्रबल	Trouble	Troubled ट्रबल्ड	Troubled ट्रबल्ड
117	ढिंढोरा पीटना / तुरही बजाना	ट्रम्पेट	Trumpet	Trumpeted ट्रम्पेटेड	Trumpeted ट्रम्पेटेड
118	भरोसा करना	ट्रस्ट	Trust	Trusted ट्रस्टेड	Trusted ट्रस्टेड
119	कोशिश करना / आजमाना	ट्राइ	Try	Tried ट्राइड	Tried ट्राइड
120	समेटना / दबाना	टक	Tuck	Tucked टक्ड	Tucked टक्ड
121	सुरक्षित स्थान पर रखना	टक	Tuck	Tucked टक्ड	Tucked टक्ड
122	दफनाना	ट्यूम्यूलेट	Tumulate	Tumulated ट्यूम्यूलेटेड	Tumulated ट्यूम्यूलेटेड
123	सुर मिलाना / अनुकूल बनाना	ट्यून	Tune	Tuned ट्यून्ड	Tuned ट्यून्ड
124	घूमना / घुमाना / बदलना	टर्न	Turn	Turned टर्न्ड	Turned टर्न्ड
125	उम्र तक पहुंचना/पार करना	टर्न	Turn	Turned टर्न्ड	Turned टर्न्ड
126	समय पर पहुंचना/पार करना	टर्न	Turn	Turned टर्न्ड	Turned टर्न्ड
127	टिमटिमाना	ट्विंकल	Twinkle	Twinkled ट्विंकल्ड	Twinkled ट्विंकल्ड
128	पलक मारना / चमकना	ट्विंकल	Twinkle	Twinkled ट्विंकल्ड	Twinkled ट्विंकल्ड
129	गुथना / मरोड़ना	ट्विस्ट	Twist	Twisted ट्विस्टेड	Twisted ट्विस्टेड
130	घूम जाना / घुमाना	ट्विस्ट	Twist	Twisted ट्विस्टेड	Twisted ट्विस्टेड

Sr. No.	Meaning	Pronounce	V1 (Base form)	V2 (Simple past)	V3 (Past Participle)
131	मिथ्या अर्थ देना	ट्विस्ट	Twist	Twisted ट्विस्टेड	Twisted ट्विस्टेड
132	ट्वीट करना	ट्वीट	Twit	Twitted ट्वीटेड	Twitted ट्वीटेड
133	फड़कना / झटका देना	ट्विच	Twitch	Twitched ट्विच्ड	Twitched ट्विच्ड
134	टाइप करना	टाइप	Type	Typed टाइप्ड	Typed टाइप्ड

Sr. No.	Meaning	Pronounce	V1 (Base Form)	V2 (Simple past)	V3 (Past Participle)
			Verbs starts from Alphabate 'U'		
1	बंधनमुक्त करना	अनबाइन्ड	Unbind	Unbound अनबाउन्ड	Unbound अनबाउन्ड
2	बोक्स खोलना	अनबोक्स	Unbox	Unboxed अनबोक्स्ड	Unboxed अनबोक्स्ड
3	बक्सुआ खोलना	अनबकल	Unbuckle	Unbuckled अनबकल्ड	Unbuckled अनबकल्ड
4	बटन खोलना	अनबटन	Unbutton	Unbuttoned अनबटन्ड	Unbuttoned अनबटन्ड
5	खोल देना / पर्दा दूर करना	अनकवर	Uncover	Uncovered अनकवर्ड	Uncovered अनकवर्ड
6	अलग करना / जुदा करना	अनकपल	Uncouple	Uncoupled अनकपल्ड	Uncoupled अनकपल्ड
7	कम दाम में देना	अंडरकट	Undercut	Undercut अंडरकट	Undercut अंडरकट
8	कम समझना/महत्व देना	अंडरएस्टिमेट	Underestimate	Underestimated अंडरएस्टिमेटेड	Underestimated अंडरएस्टिमेटेड
9	झेलना / गुजरना / भुगतना	अंडरगो	Undergo	Underwent अंडरवेन्ट	Undergone अंडरगोन
10	नीचे रेखा खींचना	अंडरलाइन	Underline	Underlined अंडरलाइन्ड	Underlined अंडरलाइन्ड
11	बल / जोर देना	अंडरलाइन	Underline	Underlined अंडरलाइन्ड	Underlined अंडरलाइन्ड
12	दुर्बल / नष्ट करना	अंडरमाइन	Undermine	Undermined अंडरमाइन्ड	Undermined अंडरमाइन्ड
13	कम आंकना / समझना	अंडररेट	Underrate	Underrated अंडररेटेड	Underrated अंडररेटेड
14	समझना / जानना	अंडरस्टेन्ड	Understand	Understood अंडरस्टुड	Understood अंडरस्टुड
15	वादा करना / हाथ में लेना	अंडरटेक	Undertake	Undertook अंडरटुक	Undertaken अंडरटेकन
16	अनादर / अवमूल्यन करना	अंडरवैल्यु	Undervalue	Undervalued अंडरवैल्युड	Undervalued अंडरवैल्युड
17	खोलना / बिगड़ना	अनडू	Undo	Undid अनडिड	Undone अनडन
18	खोजना / खोदकर बहार निकालना	अनअर्थ	Unearth	Unearthed अनअर्थ्ड	Unearthed अनअर्थ्ड
19	खोलना / तह खोलना	अनफोल्ड	Unfold	Unfolded अनफोल्डेड	Unfolded अनफोल्डेड
20	प्रकट करना / होना	अनफोल्ड	Unfold	Unfolded अनफोल्डेड	Unfolded अनफोल्डेड

Sr. No.	Meaning	Pronounce	V1 (Base form)	V2 (Simple past)	V3 (Past Participle)
21	पागल करना	अनहिंज	Unhinge	Unhinged अनहिंज्ड	Unhinged अनहिंज्ड
22	समस्या पैदा करना	अनहिंज	Unhinge	Unhinged अनहिंज्ड	Unhinged अनहिंज्ड
23	हुक खोलना / निकालना	अनहुक	Unhook	Unhooked अनहुक्ड	Unhooked अनहुक्ड
24	एक करना / एकता कायम करना	यूनिफाइ	Unify	Unified यूनिफाइड	Unified यूनिफाइड
25	एक/संगठित होना/करना	यूनाइट	Unite	United यूनाइटेड	United यूनाइटेड
26	खोलना / फीता खोलना	अनलेस	Unlace	Unlaced अनलेस्ड	Unlaced अनलेस्ड
27	छोड़ना / अनुभव कराना	अनलिश	Unleash	Unleashed अनलिश्ड	Unleashed अनलिश्ड
28	हल्का करना / से माल उतारना	अनलोड	Unload	Unloaded अनलोडेड	Unloaded अनलोडेड
29	नकाब उतारना / पोल खोलना	अनमास्क	Unmask	Unmasked अनमास्क्ड	Unmasked अनमास्क्ड
30	सामान निकालना / खोलना	अनपेक	Unpack	Unpacked अनपेक्ड	Unpacked अनपेक्ड
31	प्लग निकालना	अनप्लग	Unplug	Unplugged अनप्लग्ड	Unplugged अनप्लग्ड
32	सुलझाना / खोलना	अनरेवल	Unravel	Unraveled अनरेवल्ड	Unraveled अनरेवल्ड
33	गुच्छा सुलझाना	अनटेंगल	Untangle	Untangled अनटेंगल्ड	Untangled अनटेंगल्ड
34	बंधन खोलना	अनटाइ	Untie	Untied अनटाइड	Untied अनटाइड
35	परदा उठाना / अनावरण करना	अनवेइल	Unveil	Unveiled अनवेइल्ड	Unveiled अनवेइल्ड
36	खोलना / खुलना	अनबाइंड	Unwind	Unwound अनवाउन्ड	Unwound अनवाउन्ड
37	तनाव कम करना / शांत होना	अनवाइंड	Unwind	Unwound अनवाउन्ड	Unwound अनवाउन्ड
38	जड़ से उखाड डालना	अपरूट	Uproot	Uprooted अपरूटेड	Uprooted अपरूटेड
39	उलट देना / नाराज करना	अपसेट	Upset	Upset अपसेट	Upset अपसेट
40	गड़बड़ा देना	अपसेट	Upset	Upset अपसेट	Upset अपसेट
41	शहरीकरण करना	अर्बनाइज़	Urbanize	Urbanized अर्बनाइज़्ड	Urbanized अर्बनाइज़्ड
42	विनती करना / बलपूर्वक हांकना	अर्ज	Urge	Urged अर्ज्ड	Urged अर्ज्ड

Sr. No.	Meaning	Pronounce	V1 (Base Form)	V2 (Simple past)	V3 (Past Participle)
43	पेशाब करना	यूरिनेट	Urinate	Urinated यूरिनेटेड	Urinated यूरिनेटेड
44	उपयोग करना	यूज़	Use	Used यूज़्ड	Used यूज़्ड
45	साथ जाके स्थान दिखाना	अशर	Usher	Ushered अशर्ड	Ushered अशर्ड
46	उपयोग करना / काम में लेना	यूटिलाइज	Utilize	Utilized यूटिलाइज़्ड	Utilized यूटिलाइज़्ड
47	कहना / उच्चारण करना	अटर	Utter	Uttered अटर्ड	Uttered अटर्ड
48	समर्थन करना / थामना	अपहोल्ड	Uphold	Upheld अपहेल्ड	Upheld अपहेल्ड
49	सुधारना / उल्लसित करना	अपलिफ्ट	Uplift	Uplifted अपलिफ्टेड	Uplifted अपलिफ्टेड
50	ऊचा करना	अपलिफ्ट	Uplift	Uplifted अपलिफ्टेड	Uplifted अपलिफ्टेड
51	नाम रद करना	अनसब्स्क्राइब	Unsubscribe	Unsubscribed अनसब्स्क्राइब्ड	Unsubscribed अनसब्स्क्राइब्ड
52	जाहिर करना / खोलना	अनरेप	Unwrap	Unwrapped अनरेप्ड	Unwrapped अनरेप्ड
53	आधुनिक बनाना / सुधारना	अपडेट	Update	Updated अपडेटेड	Updated अपडेटेड
54	सुधार करना / तरक्की करना	अपग्रेड	Upgrade	Upgraded अपग्रेडेड	Upgraded अपग्रेडेड
55	अपलोड करना / भार डालना	अपलोड	Upload	Uploaded अपलोडेड	Uploaded अपलोडेड

Sr. No.	Meaning	Pronounce	V1 (Base Form)	V2 (Simple past)	V3 (Past Participle)
Verbs starts from Alphabate 'V'					
1	खाली करना / छोड़ना	वेकेट	Vacate	Vacated वेकेटेड	Vacated वेकेटेड
2	टीका लगाना	वेक्सीनेट	Vaccinate	Vaccinated वेक्सीनेटेड	Vaccinated वेक्सीनेटेड
3	वेक्यूम-क्लीनर से सफाई करना	वेक्यूम	Vacuum	Vacuumed वेक्यूम्ड	Vacuumed वेक्यूम्ड
4	मान्य करना / पुष्ट करना	वेलिडेट	Validate	Validated वेलिडेटेड	Validated वेलिडेटेड
5	दाम लगाना / आदर करना	वैल्यू	Value	Valued वैल्यूड	Valued वैल्यूड
6	तोड़फोड़ करना	वेन्डलाइज़	Vandalize	Vandalized वेन्डलाइज़्ड	Vandalized वेन्डलाइज़्ड
7	गायब / ओझल हो जाना	वेनिश	Vanish	Vanished वेनिश्ड	Vanished वेनिश्ड
8	बाष्पीकरण करना	वेपराइज़	Vaporize	Vaporized वेपराइज़्ड	Vaporized वेपराइज़्ड
9	वार्निश करना	वार्निश	Varnish	Varnished वार्निश्ड	Varnished वार्निश्ड
10	बदलना / भिन्न होना	वेरी	Vary	Varied वेरीड	Varied वेरीड
11	निष्क्रिय जीवन बिताना	वेजिटेट	Vegetate	Vegetated वेजिटेटेड	Vegetated वेजिटेटेड
12	पर्दा डालना / घूँघट करना	वेइल	Veil	Veiled वेइल्ड	Veiled वेइल्ड
13	आदर करना / पूजना	वेनरेट	Venerate	Venerated वेनरेटेड	Venerated वेनरेटेड
14	हवादार करना	वेन्टीलेट	Ventilate	Ventilated वेन्टीलेटेड	Ventilated वेन्टीलेटेड
15	साहस करना / जोखिम उठाना	वेन्चर	Venture	Ventured वेन्चर्ड	Ventured वेन्चर्ड
16	प्रमाणित करना	वेरिफाइ	Verify	Verified वेरिफाइड	Verified वेरिफाइड
17	काँपना / थरथराना	वाइब्रेट	Vibrate	Vibrated वाइब्रेटेड	Vibrated वाइब्रेटेड
18	शिकार बनाना / ठगना	विक्टिमाइज़	Victimize	Victimized विक्टिमाइज़्ड	Victimized विक्टिमाइज़्ड
19	देखना / विचार करना	व्यू	View	Viewed व्यूड	Viewed व्यूड
20	साबित करना / निर्दोष ठहराना	विन्डिकेट	Vindicate	Vindicated विन्डिकेटेड	Vindicated विन्डिकेटेड
21	अनादर / भंग करना	वायोलेट	Violate	Violated वायोलेटेड	Violated वायोलेटेड

Sr. No.	Meaning	Pronounce	V1 (Base form)	V2 (Simple past)	V3 (Past Participle)
22	मिलना / मुलाकात करना	विज़िट	Visit	Visited विज़िटेड	Visited विज़िटेड
23	कल्पना करना	विज़्युअलाइज़	Visualize	Visualized विज़्युअलाइज़्ड	Visualized विज़्युअलाइज़्ड
24	गाना / बोलना / उच्चारण करना	वोकलाइज़	Vocalize	Vocalized वोकलाइज़्ड	Vocalized वोकलाइज़्ड
25	विचार व्यक्त करना / उच्चारण करना	वोइस	Voice	Voiced वोइस्ड	Voiced वोइस्ड
26	अमान्य ठहराना	वोइड	Void	Voided वोइडेड	Voided वोइडेड
27	स्वेच्छा से काम करना	वोलन्टिअर	Volunteer	Volunteered वोलन्टिअर्ड	Volunteered वोलन्टिअर्ड
28	उलटी करना	वोमिट	Vomit	Vomited वोमिटेड	Vomited वोमिटेड
29	मत देना / चुनना	वोट	Vote	Voted वोटेड	Voted वोटेड
30	प्रतिज्ञा करना	वाउ	Vow	Vowed वाउड	Vowed वाउड
31	अश्लील बनाना / बिगाड़ना	वल्गराइज़	Vulgarize	Vulgarized वल्गराइज़्ड	Vulgarized वल्गराइज़्ड

Sr. No.	Meaning	Pronounce	V1 (Base form)	V2 (Simple past)	V3 (Past Participle)

Verbs starts from Alphabate 'W'

Sr. No.	Meaning	Pronounce	V1 (Base form)	V2 (Simple past)	V3 (Past Participle)
1	पैदल पार करना	वेड	Wade	Waded वेडेड	Waded वेडेड
2	हिलना / हिलाना	वेग	Wag	Wagged वेग्ड	Wagged वेग्ड
3	राह देखना	वेइट	Wait	Waited वेइटेड	Waited वेइटेड
4	जागना / जगाना	वेक	Wake	Woke / Waked वोक/वेक्ड	Woken वोकन
5	चलना / चलाना	वोक	Walk	Walked वोक्ड	Walked वोक्ड
6	के साथ चलना	वोक	Walk	Walked वोक्ड	Walked वोक्ड
7	कीचड़ में लोटना / मौज मनाना	वालो	Wallow	Wallowed वालोड	Wallowed वालोड
8	भटकना / घूमना	वोन्डर	Wander	Wandered वोन्डर्ड	Wandered वोन्डर्ड
9	चाहना / आवश्यकता होना	वोन्ट	Want	Wanted वोन्टेड	Wanted वोन्टेड
10	गरम होना / करना	वोर्म	Warm	Warmed वोर्म्ड	Warmed वोर्म्ड
11	सावधान करना / चेतावनी देना	वोर्न	Warn	Warned वोर्न्ड	Warned वोर्न्ड
12	गारंटी देना / अधिकार देना	वोरन्ट	Warrant	Warranted वोरन्टेड	Warranted वोरन्टेड
13	धोना	वोश	Wash	Washed वोश्ड	Washed वोश्ड
14	व्यय / बर्बाद करना	वेस्ट	Waste	Wasted वेस्टेड	Wasted वेस्टेड
15	देखना / पहरा देना	वोच	Watch	Watched वोच्ड	Watched वोच्ड
16	पानी देना / पिलाना	वोटर	Water	Watered वोटर्ड	Watered वोटर्ड
17	मुँह में पानी आना	वोटर	Water	Watered वोटर्ड	Watered वोटर्ड
18	आँखे पानी से भर आना	वोटर	Water	Watered वोटर्ड	Watered वोटर्ड
19	लहराना / इशारे करना	वेव	Wave	Waved वेव्ड	Waved वेव्ड
20	हिचकिचाना / डगमगाना	वेवर	Waver	Wavered वेवर्ड	Wavered वेवर्ड
21	मोम से पालिश करना	वेक्स	Wax	Waxed वेक्स्ड	Waxed वेक्स्ड

Sr. No.	Meaning	Pronounce	V1 (Base Form)	V2 (Simple past)	V3 (Past Participle)
22	बढ़ना / इज़ाफ़ा होना	वेक्स	Wax	Waxed वेक्स्ड	Waxed वेक्स्ड
23	कमज़ोर होना / करना	विकन	Weaken	Weakened विकन्ड	Weakened विकन्ड
24	पहनना	वेर	Wear	Wore वोर	Worn वोर्न
25	गुथना / दाये बायें चलना	विव	Weave	Wove वोव	Woven वूवन
26	विवाह करना	वेड	Wed	Wed(ded) वेड / वेडेड	Wed(ded) वेड / वेडेड
27	विलाप करना / रोना	विप	Weep	Wept वेप्ट	Wept वेप्ट
28	वजन होना / करना	वे	Weigh	Weighed वेइड	Weighed वेइड
29	तुलना करना	वे	Weigh	Weighed वेइड	Weighed वेइड
30	स्वागत / स्वीकार करना	वेलकम	Welcome	Welcomed वेलकम्ड	Welcomed वेलकम्ड
31	वेल्डिंग करना	वेल्ड	Weld	Welded वेल्डेड	Welded वेल्डेड
32	उमड़ना / बहना / निकलना	वेल	Well	Welled वेल्ड	Welled वेल्ड
33	गिला करना / भिगोना	वेट	Wet	Wet वेट	Wet वेट
34	झटके से मुड़ना	विल	Wheel	Wheeled विल्ड	Wheeled विल्ड
35	पहियों पर ले जाना	विल	Wheel	Wheeled विल्ड	Wheeled विल्ड
36	आराम से समय गुजारना	वाइल	While	Whiled वाइल्ड	Whiled वाइल्ड
37	सिसक सिसक के रोना	वाइन	Whine	Whined वाइन्ड	Whined वाइन्ड
38	धीमे स्वर में रोना	वाइन	Whine	Whined वाइन्ड	Whined वाइन्ड
39	कोड़ा मारना / मिश्रण करना	विप	Whip	Whipped विप्ड	Whipped विप्ड
40	चक्कर आना / चक्कर मारना	वर्ल	Whirl	Whirled वर्ल्ड	Whirled वर्ल्ड
41	फुर्ती से ले जाना	विस्क	Whisk	Whisked विस्क्ड	Whisked विस्क्ड
42	बराबर मिश्र करना	विस्क	Whisk	Whisked विस्क्ड	Whisked विस्क्ड
43	काना फुंसी करना / धीरे से बोलना	विस्पर	Whisper	Whispered विस्पर्ड	Whispered विस्पर्ड

Sr. No.	Meaning	Pronounce	V1 (Base form)	V2 (Simple past)	V3 (Past Participle)
44	सीटी बजाना	विसल	Whistle	Whistled विसल्ड	Whistled विसल्ड
45	छिपाना / चुने से पोतना	वाइटवोश	Whitewash	Whitewashed वाइटवोश्ड	Whitewashed वाइटवोश्ड
46	पूरी तरह से हराना	वाइटवोश	Whitewash	Whitewashed वाइटवोश्ड	Whitewashed वाइटवोश्ड
47	चौड़ा करना / होना	वाइडन	Widen	Widened वाइडंड	Widened वाइडंड
48	गुस्से में डाटना / कहना	विग	Wig	Wigged विग्ड	Wigged विग्ड
49	हिलना-डुलना	विगल	Wiggle	Wiggled विगल्ड	Wiggled विगल्ड
50	जितना / पराजित करना	विन	Win	Won वोन	Won वोन
51	लपेटना / घुमावदार मार्ग होना	वाइंड	Wind	Wound वाउन्ड	Wound वाउन्ड
52	आँख मारना	विंक	Wink	Winked विंक्ड	Winked विंक्ड
53	पोछना / मिटाना / हटाना	वाइप	Wipe	Wiped वाइप्ड	Wiped वाइप्ड
54	तार से बांधना	वायर	Wire	Wired वायर्ड	Wired वायर्ड
55	चाहना / आशा करना	विश	Wish	Wished विश्ड	Wished विश्ड
56	शुभकामना देना	विश	Wish	Wished विश्ड	Wished विश्ड
57	वापस लेना / पैसा निकालना	विद्ड्रॉ	Withdraw	Withdrew विद्ड्रू	Withdrawn विद्ड्रॉन
58	मुरझाना जाना / मुरझा देना	विधर	Wither	Withered विधर्ड	Withered विधर्ड
59	दुर्बल होते होते अदृश्य होना	विधर	Wither	Withered विधर्ड	Withered विधर्ड
60	साक्षी होना / गवाही देना	विटनेस	Witness	Witnessed विटनेस्ड	Witnessed विटनेस्ड
61	आश्चर्य होना / उत्सुक होना	वन्डर	Wonder	Wondered वन्डर्ड	Wondered वन्डर्ड
62	शब्दों में व्यक्त करना	वर्ड	Word	Worded वर्डेड	Worded वर्डेड
63	काम करना	वर्क	Work	Worked वर्क्ड	Worked वर्क्ड
64	चिंतित होना / करना	वरी	Worry	Worried वरीड	Worried वरीड
65	परेशान / तंग करना	वरी	Worry	Worried वरीड	Worried वरीड

Sr. No.	Meaning	Pronounce	V1 (Base form)	V2 (Simple past)	V3 (Past Participle)
66	और बिगड़ना / बिगाड़ना	वर्सन	Worsen	Worsened वरसंड	Worsened वरसंड
67	पूजा करना / आदर करना	वर्शिप	Worship	Worshipped वर्शिप्ड	Worshipped वर्शिप्ड
68	घायल करना / ठेस पहुँचाना	वुंड	Wound	Wounded वुंडेड	Wounded वुंडेड
69	लपेटना / ढकना / समाप्त करना	रेप	Wrap	Wrapped रेप्ड	Wrapped रेप्ड
70	बरबाद करना	रेक	Wreck	Wrecked रेक्ड	Wrecked रेक्ड
71	कुश्ती लड़ना	रेसल	Wrestle	Wrestled रेसल्ड	Wrestled रेसल्ड
72	जूझना / सामना करना	रेसल	Wrestle	Wrestled रेसल्ड	Wrestled रेसल्ड
73	टेढ़े मेढ़े चलना	रिगल	Wriggle	Wriggled रिगल्ड	Wriggled रिगल्ड
74	छटपटाना / तड़पना	रिगल	Wriggle	Wriggled रिगल्ड	Wriggled रिगल्ड
75	झुर्री डालना	रिंकल	Wrinkle	Wrinkled रिंकल्ड	Wrinkled रिंकल्ड
76	लिखना	राइट	Write	Wrote रोट	Written रिटन
77	गलत समझना / वर्ताव करना	रोंग	Wrong	Wronged रोंग्ड	Wronged रोंग्ड

Sr. No.	Meaning	Pronounce	V1 (Base form)	V2 (Simple past)	V3 (Past Participle)
Verbs starts from Alphabate 'X'					
1	ज़ीरोक्स करना	ज़ेरोक्स	Xerox	Xeroxed ज़ेरोक्स्ड	Xeroxed ज़ेरोक्स्ड
2	एक्सरे करना	एक्सरे	X-Ray	X-Rayed एक्सरेड	X-Rayed एक्सरेड

Sr. No.	Meaning	Pronounce	V1 (Base form)	V2 (Simple past)	V3 (Past Participle)
Verbs starts from Alphabate 'Y'					
1	लगातार बात करना	येमर	Yammer	Yammered येमर्ड	Yammered येमर्ड
2	झटके से खींचना	यांक	Yank	Yanked यांक्ड	Yanked यांक्ड
3	उबासी लेना	योन	Yawn	Yawned योन्ड	Yawned योन्ड
4	तरसना / तड़पना	यर्न	Yearn	Yearned यर्न्ड	Yearned यर्न्ड
5	चिल्लाना	येल	Yell	Yelled येल्ड	Yelled येल्ड
6	उतपन्न करना	यील्ड	Yield	Yielded यील्डेड	Yielded यील्डेड
7	समर्पण / आत्मसमर्पण करना	यील्ड	Yield	Yielded यील्डेड	Yielded यील्डेड

Sr. No.	Meaning	Pronounce	V1 (Base form)	V2 (Simple past)	V3 (Past Participle)
Verbs starts from Alphabate 'Z'					
1	मार डालना / नष्ट करना	जैप	Zap	Zapped जैप्ड	Zapped जैप्ड
2	टेढ़ा-मेढ़ा चलना	जिगजेग	Zigzag	Zigzagged जिगजेग्ड	Zigzagged जिगजेग्ड
3	ज़िप / चेन लगाना	ज़िप	Zip	Zipped ज़िप्ड	Zipped ज़िप्ड
4	तेजी से गुजरना	ज़ूम	Zoom	Zoomed ज़ूम्ड	Zoomed ज़ूम्ड

Rules for verbs

1. V5 ('S' "ES" के नियम.)

A) जब क्रियापद का अंतिम अक्षर CH, SS, SH, X, ZZ... आए तब 'es' लगता है.

Example: Wash - Washes   Watch – Watches

Miss – Misses   Mix – Mixes   Buzz – Buzzes

B) जब क्रियापद का अंतिम अक्षर 'Y' हो और 'Y' कि आगे का अक्षर व्यंजन हो तो 'Y' का 'I' होता है और 'es' लगता है.

Example: Hurry – Hurries   Study – Studies

Reply – Replies

C) जब क्रियापद का अंतिम अक्षर 'Y' हो और 'Y' कि आगे का अक्षर स्वर हो तो 'Y' का 'Y' ही रहता है और अंत में 'S' लगता है.

Example: Pay – Pays   Enjoy – Enjoys

D) Have, Go, Do, Be के रूप अनियमित है.

Example: Have – Has   Go – Goes

Do – Does   Be – Is

E) जब क्रियापद के अंत में 'S' or 'Z' आते है तब वे दो बार लिखे जाते है और पीछे 'es' लगता हे.

Example: Quiz – Quizzes   Miss – Misses

F) जब ऊपर के नियम लागु न पड़े तो क्रियापद के अंत में सिर्फ 'S' लगता है.

Example: Work – Works   Walk – Walks   Move – Moves

2. V4 (ING के नियम)

A) क्रियापद के अंत में 'ING' लगाने से Ing form बनता है.

Example: Talk – Talking

Walk – Walking

B) जब क्रियापद के अंत में एक 'E' आता हो तो वो 'E' निकल जाता है ओर सीधा 'Ing' लगता है.

Example: Take – Taking

Write – Writing

C) जब क्रियापद के अंत में दो 'E' आते हो तो 'E' ऐसे ही रहते है और 'Ing' लग जाता है।

Example: See – Seeing

       Free – Freeing

D) जब एक उच्चार वाला क्रियापद आए और उसमे अंतिम अक्षर व्यंजन और उसके आगे का अक्षर स्वर हो तो अंतिम अक्षर दुगुना होता है और 'Ing' लगता है।

Example: Hit – Hitting

       Sit – Sitting

       Plan – Planning

E) जब दो उच्चार वाला क्रियापद आए और उसमे अंतिम अक्षर व्यंजन और उसके आगे का अक्षर स्वर हो और उच्चार का भार अंत में आए तो अंतिम अक्षर दुगुना होता है और 'Ing' लगता है।

Example: Begin – Beginning

और जो उच्चार का भार अंत में ना आए तो अंतिम अक्षर दुगुना नहीं होता।

Example: Remember (रीमेमबर) - Remembering

       Happen – Happening

       Enter – Entering

F) जब क्रियापद के अंत में 'W' 'X' 'Y' आए तो अंतिम अक्षर दुगुना नहीं होता।

Example: Fix – Fixing   Enjoy – Enjoying

       Snow – Snowing

G) जब क्रियापद के अंत में 'IE' आए तो उसको बदल के 'YING' हो जाता है।

Example: Lie – Lying   Die – Dying

       Tie – Tying

H) जब क्रियापद के अंत में 'R' आए और उसके आगे का स्वर का भारपूर्वक उच्चारण हो तो 'R' दुगुना हो जाता है।

Example: Refer – Referring

       Defer – Deferring

और जो भारपूर्वक उच्चारण न हो तो 'R' दुगुना नहीं होता।

Example: Offer – Offering   Suffer – Suffering

       Whisper – Whispering

3. **V2 (ED के नियम)**

A) क्रियापद के अंत में 'ED' लगाने से पास्ट फोर्म बनता है.

Example: Start – Started   Kill – Killed

Jump – Jumped

B) और जो क्रियापद के अंत में 'E' हो तो मात्र 'D' लगता है.

Example: Agree – Agreed   Like – Liked

Escape – Escaped

C) जो क्रियापद का अंतिम अक्षर व्यंजन हो और उसके आगे स्वर हो तो अंतिम अक्षर दुगुना होता हे और 'ED' लगता है.

Example: Stop – Stopped

Plan – Planned

D) जब क्रियापद का अंतिम अक्षर 'Y' हो और 'Y' कि आगे का अक्षर व्यंजन हो तो 'Y' का 'I' होता है और 'ed' लगता है.

Example: Try – Tried

Carry – Carried

जब क्रियापद का अंतिम अक्षर 'Y' हो और 'Y' कि आगे का अक्षर स्वर हो तो 'Y' का 'Y' ही रहता है और अंत में 'ed' लगता है.

Example: Play – Played

Enjoy – Enjoyed

*****